Direito do Trabalho e Antirracismo

Direito do Trabalho e Antirracismo

Renato Cassio Soares de Barros

Pós-Doutor pelo Departamento de Direito do Trabalho e Seguridade Social da Faculdade de Direito da USP, Largo São Francisco. Doutor e Mestre em Educação pela Universidade Federal de São Carlos, com ênfase na formação jurídica e no ensino do Direito do Trabalho. Especialista em Direito Processual Civil. Professor de Direito do Trabalho e Processo do Trabalho. Membro fundador do Grupo de Pesquisa "Educação Jurídica e Direito à Educação no Brasil", da UFSCar. Membro do Grupo de Pesquisa "Proteção do Trabalhador e Promoção das Relações de Trabalho", da Faculdade de Direito da USP. Vice-Presidente da Comissão de Relacionamento da OABSP com o TRT 15, gestão 2022/2024. Membro da Comissão da Advocacia Trabalhista da OABSP. Membro do Conselho Curador da Escola Superior de Advocacia da OABSP, gestão 2022/2024. Membro fundador da Academia Literária de São Carlos, ocupante da Cadeira 8. Presidente da 30ª Subseção da OABSP, São Carlos, gestões 2016/2018 e 2022/2024. Advogado desde 1998. Coautor de livros sobre educação jurídica e positivismo jurídico, autor de livro "Direito do Trabalho: formação jurídica e a lógica do capital", palestrante e autor de artigos científicos.

LACIER

LACIER
Lacier Livraria e Editora
www.livrarialacier.com.br

Rua Doutor Quirino, 808 – Centro
CEP 13015-081 – Campinas, SP – Brasil

Fevereiro, 2024

Diretor: *Lacier José de Rezende*
Coordenação editorial: *Peter Fritz Strotbek*
Projeto de capa: *Yonara Cavalcante Farias*
Projeto gráfico e editoração eletrônica: *The Best Page*

Ficha Catalográfica

Dados Internacionais de Catalogação na Publicação (CIP)
(Câmara Brasileira do Livro, SP, Brasil)

B269d Barros, Renato Cassio Soares de.
Direito do trabalho e antirracismo / Renato Cassio Soares de Barros.
— 1. ed. — Campinas, SP : Lacier Editora, 2024.
142 p. ; 15 x 22 cm.

ISBN 978-65-88805-85-5

1. Direito do trabalho — Brasil. 2. Direito — Racismo. 3. Direito — Desigualdade racial. I. Título.

CDU 34:331

Índices para catálogo sistemático:

1. Direito — Desigualdade racial

Angela Schmidt da Rosa – Bibliotecária – CRB-14/1171

À minha mulher, Jane Esli Ferreira Soares de Barros,
e à minha filha, Renata Soares de Barros, minha gratidão por suportarem
o tempo de ausência para me dedicar à pesquisa que resultou neste livro.
Meu amor incondicional não pode deixar de ser mencionado.

Agradeço ao Professor Doutor Otávio Pinto e Silva, meu supervisor de pesquisa durante o estágio de pós-doutorado no Departamento de Direito do Trabalho e da Seguridade Social, da Faculdade de Direito da Universidade de São Paulo, Largo São Francisco. Sua intelectualidade e humildade, atributo dos sábios, foram fundamentais.

Saúdo os meus antepassados, que lutaram pela resistência e me permitiram a vida, motivando minha persistência.

Agradeço a todas as pessoas que possibilitaram diálogos e observações sobre o racismo e seus impactos na relação de trabalho, na ausência de trabalho e na condição precária de trabalho.

Meus agradecimentos a todos que, por qualquer motivo, dedicaram-se à leitura deste livro.

Sumário

Apresentação

Foi com muita satisfação que recebi o convite para escrever uma nota de apresentação da pesquisa efetuada pelo advogado **Renato Cassio Soares de Barros**, ora publicada em livro, que foi desenvolvida no programa de pós-doutorado da Faculdade de Direito da Universidade de São Paulo, no âmbito do Departamento de Direito do Trabalho e Seguridade Social.

Renato é advogado militante na região de São Carlos, no interior do Estado de São Paulo, e em suas atividades acadêmicas sempre buscou efetuar reflexões críticas acerca do papel do direito do trabalho numa sociedade tão desigual como a brasileira.

Na pesquisa que agora vem a público, Renato aborda a questão do chamado "racismo estrutural" e os seus reflexos sobre as relações de trabalho, visando propor uma revisão do Direito do Trabalho, com o objetivo de alcançar um caráter civilizatório e democrático, marcado por resistência e combate.

Os temas debatidos por Renato são de fundamental importância, pois ele nos traz análises críticas que demonstram a imperiosa necessidade de "garantir à população negra a efetivação da igualdade de oportunidades, a defesa dos direitos étnicos individuais, coletivos e difusos e o combate à discriminação e às demais formas de intolerância étnica", conforme promete solenemente o Estatuto da Igualdade Racial (Lei n. 12.288, de 20 de julho de 2010).

O autor sustenta que a sociedade brasileira e o Estado reproduzem e legitimam a desigualdade racial de forma estrutural, não cumprindo a obrigação positivada na Constituição Federal, sendo a igualdade uma utopia.

Ao demonstrar que a desigualdade racial é uma realidade e que o problema é de toda sociedade, Renato propõe ao negro o desafio de reivindicar, teorizar, incomodar e não se conformar e, ao branco, o de reconhecer sua omissão, questionar os motivos da desigualdade racial e agir para combatê-la.

O Direito do Trabalho deve se ocupar do tema porque, na prática, o racismo impede ou dificulta o trabalho do negro. O pensamento doutrinário deve partir dessa realidade e o ordenamento jurídico, ao regular as relações humanas na sociedade, precisa levar em conta essas inquietações sociais.

O livro tem como objetivo fundamental a efetivação dos Direitos Humanos no campo do Direito do Trabalho, o que necessariamente passa pelo sistema de justiça nacional, cabendo à Justiça do Trabalho a análise das situações concretas que são levadas ao seu conhecimento nas causas submetidas à jurisdição trabalhista. O exercício da função jurisdicional é imprescindível para o combate ao racismo.

Importante lembrar que na história do Brasil a impossibilidade de formação escolar do negro foi fator decisivo para a sua exclusão social, como mostra a pesquisa, gerando uma grande desigualdade em relação ao branco, visto que o escravizado era legalmente excluído. As políticas de quotas, que passaram a ser implantadas nas universidades brasileiras, estão, portanto, diretamente ligadas a essa necessidade de reparação histórica.

Enfim, Renato trata de nos fazer pensar acerca da luta antirracista no mundo do trabalho, mostrando em sua obra a necessidade de garantir às pessoas humanas as mesmas oportunidades: sustenta, com razão, que aplicadores das normas jurídicas e juristas não podem deixar de reconhecer flagrantes e incontestáveis diferenças individuais e coletivas da sociedade brasileira. E conclui sua pesquisa sustentando que "o Direito do Trabalho contemporâneo e sua interpretação devem atuar com os ideais da solidariedade e fraternidade, em proteção da classe que vive do trabalho, para o justo equilíbrio das relações em ebulição, tutelando novas relações de trabalho em potestade para abarcar novas regras de contratação, inserindo, assim, o negro no mercado de trabalho".

O letramento racial é indispensável no mundo atual e a presente obra, fruto de trabalho de pesquisa desenvolvida na universidade pública, é uma contribuição fundamental para a transformação da realidade em que vivemos.

Otavio Pinto e Silva
Professor Associado do Departamento de Direito do Trabalho e Seguridade Social da Faculdade de Direito da Universidade de São Paulo – USP.

Prefácio

A injustiça em qualquer lugar
é uma ameaça à justiça em todos os lugares.
Martin Luther King Jr.

Neste prefácio, trago à tona os versos provocativos de Chico César, *Deus me proteja de mim e da maldade de gente boa, da bondade da pessoa ruim...*, que combinam profundamente com a essência deste livro. Por quê? Em 1963, em Birmingham, Alabama, EUA, Martin Luther King Jr., na cadeia, redige uma carta que viria a ecoar pelo mundo. Dirigindo-se aos clérigos brancos que criticavam sua participação numa manifestação pacífica contra a segregação racial, King destacava um paradoxo: até mesmo aqueles com boas intenções podem sustentar sistemas opressores. Ele defendia que a luta por justiça não conhece fronteiras, ecoando a ideia de que *"a injustiça em qualquer lugar é uma ameaça à justiça em todos os lugares..."* A manifestação dos clérigos brancos não deve ter ajudado em nada para a mudança de uma cruel realidade, mas a Campanha de Birmingham, liderada por Luther King, contribuiu para a formação da opinião pública e pavimentou o caminho para a aprovação e sanção, pelo presidente Lyndon Johnson, da Lei dos Direitos Civis de 1964, legislação abrangente que proibiu a discriminação com base em raça, cor, religião, sexo, nacionalidade e, posteriormente, orientação sexual e identidade de gênero. A lei também proibiu a discriminação em programas e atividades financiados pelo governo federal. Um enorme salto para o antirracismo. No Brasil, último país das Américas a abolir formalmente a escravidão, ainda há um grande campo de luta pelo fim do racismo estrutural.

Renato Barros, um advogado negro, presidente da Subseção da OAB/SP, São Carlos, 2016-2018 e 2022-2024, que, contra tudo o que estava previsto para a sua biografia, pelas amarras de uma sociedade escravocrata, percorreu uma brilhante carreira nas trilhas da educação, condição para sua libertação e ascensão. Foi no seu estágio de pós-doutorado, na reconhecida instituição do Largo de São Francisco, a mesma que, no século XIX, não permitiu que Luiz Gama cursasse Direito, que Barros pode pesquisar, refletir e produzir essa obra. Eu tive o privilégio de acompanhar e contribuir em toda a sua trajetória acadêmica e fico muito feliz e agradecido por ter sido convidado para prefaciar este livro que se torna um libelo na luta pelo respeito aos direitos dos negros no mundo do trabalho.

O racismo, incrustado na sociedade brasileira, perpetua-se, não apenas pela ação dos perversos, mas também pela omissão dos bons. *Deus me proteja da maldade de gente boa*, de gente acomodada e que fecha os olhos a todas as formas de opressão, *Deus me proteja* dos clérigos brancos que, em nome da paz de Cristo, contribuem para a perpetuação das injustiças, cujas consequências eles nunca sentiram. Qual é o conteúdo do livro?

Enfatizando as palavras do autor, esta

> pesquisa permite considerar que no Brasil existem os racismos e que o racismo qualificado como estrutural tem reflexo direto nas relações de trabalho e emprego, carecendo o Direito do Trabalho de abordagem e atuação para reparação do dano individual, coletivo e social causado pelo racismo.

Diz ainda o autor que é necessário

> proporcionar ao Direito do Trabalho um caráter civilizatório e democrático em resistência e combate ao racismo estrutural.

Em resumo, diz Barros, *ipsis verbis*,

> Os capítulos que virão versam a respeito da desigualdade racial no Brasil, dos racismos, da atuação do Estado brasileiro para a criação e manutenção dos racismos, dos impactos dos racismos na formação do sujeito e o dano psicológico, individual e

coletivo, tendo o racismo estrutural como recorte. Sob essa perspectiva, questiona-se a estrutura normativa brasileira para a efetivação da democracia, dos direitos humanos e sociais, o papel do Direito do Trabalho e da estrutura do Judiciário brasileiro, bem como dos que lidam com o Direito do Trabalho para uma hermenêutica jurídica de efetivação dos princípios e fundamentos da República Federativa do Brasil.

Este é, sim, um livro de Direito que merece ser lido por todos aqueles que militam em qualquer função no vasto e complexo mundo da justiça, mas também para o proveito de todos aqueles que lutam contra toda forma de injustiça, em qualquer lugar, e que para além da mera igualdade, sonham em construir um estado de equidade.

São Carlos, verão de 2024.

João Virgílio Tagliavini
Professor emérito do Departamento
de Educação da Universidade Federal
de São Carlos.

Introdução

Este livro advém da pesquisa de pós-doutorado em Direito intitulada *O Direito do Trabalho e seu (im)possível caráter civilizatório e democrático diante da influência do racismo estrutural na relação de emprego*, realizada na Faculdade de Direito da Universidade de São Paulo, Largo São Francisco, sob supervisão do Professor Otávio Pinto e Silva, do Departamento de Direito do Trabalho e da Seguridade Social, na linha de pesquisa "Direito e Processo do Trabalho Contemporâneo".

O processo de investigação, que não se considera fechado e acabado, permite análise histórica e social do surgimento do Direito do Trabalho no Brasil, da função desse ramo do Direito, com leituras relacionadas aos racismos, com concentração no racismo estrutural e a sua influência na condição de vida do brasileiro e na relação de emprego. O estudo não ignora o fato de que "os racismos são diversos e têm muitas faces; em cada uma delas, verificam-se seus desdobramentos, seus malefícios e suas ações, os quais se apresentam de maneiras distintas", como muito bem pondera Fonseca (2023, p. 40).

Observar a realidade social e analisar as inúmeras abordagens científicas sobre o racismo tem como consequência a transformação direta da realidade, do modo de compreender esse importante e negativo fato social que é o racismo, bem como possibilita refletir e apresentar propostas sobre as possíveis contribuições do Direito do Trabalho e da hermenêutica jurídica para a melhoria da condição social da população brasileira, na tentativa de propor ao Direito do Trabalho um caráter civilizatório e democrático, diante dos racismos, cuja existência é inegável.

A pesquisa permite considerar que no Brasil existem os racismos e que o racismo qualificado como estrutural tem reflexo direto nas relações de trabalho e emprego, carecendo o Direito de Trabalho de abordagem e atuação para reparação do dano individual, coletivo e social causado pelo racismo.

Não é possível deixar de reconhecer os limites do Direito, que advém de uma lógica de manutenção de um modelo de sociedade que conserva a desigualdade e injustiça social. O que se compreende, pelo menos provisoriamente, é que o Direito não efetiva a civilidade e nem a democracia diante do racismo estrutural, todavia, é possível, dentro das limitações do direito, proporcionar ao Direito do Trabalho um caráter civilizatório e democrático em resistência e combate ao racismo estrutural. A interpretação jurídica deve se fundar nos textos que referenciam a pesquisa e revelar uma nova hermenêutica jurídica. É relevante ressaltar que não se defende que o julgador seja parcial, mas que aplique e dê efetividade às normas jurídicas, para a equidade e civilidade.

A Constituição Federal positiva um "dever-ser" de construção de uma sociedade livre, justa e solidária, de garantia do desenvolvimento do Brasil, de eliminação da pobreza e da marginalização, com a redução das desigualdades sociais e regionais, pugnando pela promoção do bem de todos, sem preconceitos de origem, raça, sexo, cor, idade e quaisquer outras formas de discriminação.

O que se defende, pois, é que as relações de trabalho devem ser norteadas por esses fundamentos, cuja sustentação está para a equidade e, além de política legislativa e administrativa, a decisão jurídica precisa estar alicerçada no princípio da igualdade real, para a contemplação do todo que impõe a efetividade dos direitos sociais. O que se propõe é uma nova hermenêutica jurídica.

Este livro tem a intenção de possibilitar aos que lidam com o Direito uma reflexão acerca da realidade da desigualdade racial no Brasil, do papel do direito como mantenedor dessa desigualdade, da ideologia do racismo e da vantagem proporcionada ao branco e, transcendendo, levantar o véu que oculta a realidade para uma prática social em busca da melhoria da condição de vida dos cidadãos negros brasileiros.

A vida pede sinceridade e em pleno século XXI não é possível, sob a invisível proteção do pacto da mediocridade, fingir que está tudo bem socialmente e não voltar os olhares para a pobreza e para a ausência de igualdade entre o negro e o branco no mercado de trabalho. É possível sugerir que essa cegueira é proposital ou inconsciente, motivada por características psicológicas de pessoas pertencentes ao mesmo grupo, cuja identidade individual pode ser neutralizada ou regida pelo comportamento da massa, pelo desejo inconsciente, com exposição teórica muito bem elaborada por Freud (2011).

Como regra, os que aplicam o Direito, os que criam as normas jurídicas e os que administram a sociedade estão numa posição econômica e social muito melhor do que a maioria do povo e, geralmente, pelo banho da lógica do capital que tem uma ideologia própria, sequer se voltam às práticas para a emancipação social, porque a norma jurídica encobre essa ideologia baseada na busca incessante de lucro e acumulação do capital, com a exploração da força de trabalho, limitação do poder e da intervenção do Estado, numa relação social de desiguais. Pela sua lógica, a ideologia da classe dominante não contempla a emancipação da classe dominada.

A ausência de esclarecimento de que a ideologia está encoberta pela norma jurídica e que ela molda a personalidade dos que lidam com o direito é uma violência ao pensamento. Aplicar o Direito do Trabalho não dispensa a compreensão da formação da estrutura social, mas, pelo contrário, exige a compreensão das contradições sociais, o entendimento da necessidade de regulação do trabalho e da constituição da Justiça do Trabalho. Essa é uma forma de superação da limitação do positivismo jurídico no direito.

Uma releitura sobre a superação da limitação do positivismo jurídico na atuação jurídica para efetivar a equidade contra o racismo impõe trazer a essa atividade intelectual a menção de que o sistema normativo oculta as contradições existentes entre as classes envolvidas na relação de trabalho e emprego. É carente o diálogo com questões históricas, filosóficas, sociológicas e econômicas concretas da classe trabalhadora e da pobreza brasileira. A ausência da revelação da realidade e do diálogo com tais conteúdos contribui para a reprodução ideológica de conservação da atual condição de pobreza da classe trabalhadora e injustiça social, sem consciência dos profissionais do seu real papel na sociedade.

A mudança no pensamento é motivo para efeito da mudança no comportamento dos que exercem função de Estado, a exemplo dos componentes da Magistratura do Trabalho, do Ministério Público do Trabalho, do Ministério do Trabalho e Emprego, do Poder Legislativo e de outras ocupações no Executivo. Isso só é possível com muita leitura, reflexão e coragem de mudar comportamento.

Os capítulos que virão versam a respeito da desigualdade racial no Brasil, dos racismos, da atuação do Estado brasileiro para a criação e manutenção dos racismos, dos impactos dos racismos na formação do sujeito e o dano psicológico, individual e coletivo, tendo o racismo estrutural como recorte. Sob essa perspectiva, questiona-se a estrutura normativa brasileira para a efetivação da democracia, dos direitos humanos e sociais, o papel do Direito do Trabalho e da estrutura do Judiciário brasileiro, bem como dos que lidam com o Direito do Trabalho para uma hermenêutica jurídica de efetivação dos princípios e fundamentos da República Federativa do Brasil.

Embora a atuação jurídica se dê no caso concreto, ou seja, na realidade das relações sociais, o que se propõe é desenvolver um trabalho científico que, pela sua função, deve se opor ao senso comum, sem a preocupação de agradar ou desagradar determinada visão de mundo, não se intimidando por receber críticas.

É preciso afirmar que se faz imprescindível repensar o sistema de justiça trabalhista brasileiro e que, para combater o racismo estrutural, é necessário reconhecer e abordar as desigualdades sistêmicas que afetam as pessoas de diferentes raças. Isso envolve a implementação de políticas e práticas que promovam a igualdade de oportunidades e o tratamento justo para todos — o que não acontece na sociedade brasileira, que carece de equidade, compreendida como um princípio que busca garantir a justiça e a igualdade de oportunidades para todas as pessoas, levando em consideração suas circunstâncias individuais e necessidades específicas. Os objetivos e fundamentos da República Federativa do Brasil devem, pois, dar luz a este estudo.

O desenvolvimento desta pesquisa está amparado na leitura de várias obras essenciais à temática escolhida, que, em virtude dos pensamentos eloquentes, cabíveis e profícuos, tiveram alguns trechos selecionados e transcritos *ipsis litteris*. As citações diretas, recursos imprescindíveis para dar profundidade ao tema, trouxeram à luz importantes reflexões e foram instrumentos que possibilitaram trilhar os caminhos desta pesquisa. O pensar singular, inevitavelmente, repete e complementa o processo mental do outro. Nesse sentido, Rubem Alves chama a atenção para o fato de que *"Quanto mais se é obrigado a ler, menos se pensa."* (Alves, 2004, p. 11). Porém, mesmo academicamente trazendo o pensamento de outros teóricos, inclusive com transcrições, este livro busca grafar o que o autor, em sua individualidade, pensa e a compreensão que tem sobre o racismo, o trabalho, o direito do trabalho e atuações políticas e práticas necessárias para tentar sanar essa desigualdade maléfica, notadamente diante da sua própria vivência, estudo e atuação jurídica.

Capítulo 1

Desigualdade Racial e o Mercado de Trabalho

Para que haja uma melhor compreensão do problema, é importante considerar que pesquisas oficiais do Governo brasileiro indicam a existência de desigualdade entre cidadão negro e branco para o ingresso e atuação no mercado de trabalho, com elevado número de negros desempregados, de negros que desenvolvem o trabalho informal ou precário e que não ocupam altos cargos nas empresas, com a ausência de ocupação de postos de gestão, gerência e chefia. O mesmo acontece nas funções, cargos e empregos públicos nos quais também se observa desigualdade salarial, tratamento ofensivo, dentre outros comportamentos de desigualdade.

O Instituto Brasileiro de Geografia e Estatística (IBGE), no boletim informativo *Desigualdades Sociais por Cor ou Raça no Brasil*, publicado em 2022, nos Indicadores Sociais da Série Secundária *Estudos e Pesquisas — Informação Demográfica e Socioeconômica*, materializando as desigualdades raciais no País apontou:

> As desigualdades raciais são importantes vetores de análise das desigualdades sociais no Brasil, ao revelarem no tempo e no espaço a maior vulnerabilidade socioeconômica das populações de cor ou raça preta, parda e indígena. Estudos realizados pelo IBGE, como a primeira edição deste *Desigualdades* sociais *por cor ou raça no Brasil* (2019) e a *Síntese de indicadores sociais* (2021) têm mostrado acesso desigual de distintos grupos populacionais a bens e serviços básicos necessários ao bem-estar (como saúde, educação, moradia, trabalho, renda etc.),

> enquanto muitos destes acessos são assegurados em direitos, pela Constituição Federal do Brasil, de 1988, e por leis (IBGE, 2022, p. 47).

A sociedade brasileira e o Estado reproduzem e legitimam a desigualdade racial de forma estrutural, não cumprindo o Estado com a obrigação positivada na Constituição Federal, sendo a igualdade uma utopia. A estrutura mais legitima a desigualdade do que efetiva a igualdade, não sendo possível ignorar que, em um passado não tão remoto, o direito legitimava a escravização do negro e o impedia de acessar os bancos das escolas. Pesquisa e reflexão científica sobre a realidade social e o Direito do Trabalho como instrumento possível de efetivação da dignidade da pessoa humana, concatenada ao princípio da não discriminação e do Direito ao Trabalho como direito fundamental para a civilidade e a existência humana, são importantes, porém é primordial a prática social para a efetivação da civilidade, da efetivação ampla da existência humana para o pleno gozo da vida pelo trabalhador negro. A sociedade negra deve ir além do direito.

O Centro de Estudos das Relações de Trabalho e Desigualdades — CEERT[1] — apresenta considerável análise a respeito das desigualdades no acesso do negro ao mercado de trabalho e às ocupações. Em trabalho incontestável da Pesquisa Nacional por Amostra de Domicílios Contínua (PNAD Contínua), do Instituto Brasileiro de Geografia e Estatística (IBGE), Mario Rogério Silva e Rafael Caumo (2023, n. p.) ponderam que:

> Na comparação da taxa de precariedade pelos diferentes grupos de sexo e cor/raça, nada de novo. Mulheres e pessoas negras, que já enfrentam maiores dificuldades de acesso, também encaram piores condições laborais. Enquanto nas mulheres negras e nos homens negros as taxas de precariedade são de 63,1% e 57,4%, respectivamente, nas mulheres brancas e nos homens brancos as taxas são de 44,6% e 39,3%.

Considerando o ano de 2022, o Instituto Brasileiro de Geografia e Estatística (IBGE) aponta que o salário das pessoas negras é 28,1% abaixo

(1) Disponível em: https://ceert.org.br/noticias/44881/maio-de-2023-luta-pelo-acesso-ao-trabalho-digno. Acesso em: 6 ago. 2023.

que o das pessoas brancas e a renda média da mulher negra em relação ao homem branco é menor em 53, 2%.

A Fundação Getúlio Vargas (FGV), em 1º.12.2022[(2)], publicou pesquisa intitulada: "*Negros ainda são maioria com rendimento até 2 salários mínimos*", e com subtítulo: "*Pretos e pardos ainda são maioria entre os desalentados, desempregados e informais. 61,3% dos trabalhadores que ganham até dois salários-mínimos são pretos e pardos*", tendo como base os dados IBGE anteriormente apresentados. A pesquisa em questão é um importante argumento de sustentação de que o racismo efetivamente afeta as relações de trabalho e impacta na desigualdade social.

No ano de 2022, em novembro, mês da "Consciência Negra", um estudo da Pontifícia Universidade Católica do Rio Grande do Sul (PUCRS)[(3)] revelou que a população negra está mais presente entre os pobres do que entre os ricos, sendo que, nos 10% mais pobres, negros somam 32,3%; já nos 10% mais ricos, pretos e pardos são apenas 8,2%. A pesquisa sugere que, pelo fato de os negros descenderem de famílias pobres, com menos recursos econômicos e menos recursos culturais, levando-se em conta o padrão europeu, há impacto na trajetória social, com esse efeito de classe, acrescido do efeito da raça em si, que se materializa na discriminação racial que os negros sofrem ao longo da sua trajetória, por múltiplos fatores.

O Instituto Brasileiro de Geografia e Estatística (IBGE)[(4)], IBGE-educa, ainda apontou que, muito embora representem a maior parte da população (55,8%) e da força de trabalho brasileira (54,9%), apenas 29,9% das pessoas negras ocupavam cargos de gerência, segundo dados da Pesquisa Nacional por Amostra de Domicílios Contínua de 2018.

---

(2) Disponível em: https://portal.fgv.br/artigos/negros-ainda-sao-maioria-rendimento-ate-2-salarios-minimos. Acesso em: 12 nov. 2022.

(3) Disponível em: https://g1.globo.com/rs/rio-grande-do-sul/noticia/2022/11/11/quase-20percent-da-populacao-do-rs-negros-sao-30percent-dos-mais-pobres-e-menos-de-10percent-entre-os-ricos.ghtml?utm_source=whatsapp&utm_medium=share-bar-mobile&utm_campaign=materias. Acesso em: 12 nov. 2022.

(4) Disponível em: https://educa.ibge.gov.br/jovens/materias-especiais/21039-desigualdades-sociais-por-cor-ou-raca-no-brasil.html. Acesso em: 10 dez. 2021.

O Departamento Intersindical de Estatística e Estudos Socioeconômicos (DIEESE)[5], no "Boletim Especial 20 de novembro — Dia da Consciência Negra", publicado em 19.11.2021, noticiou pesquisa que aponta que a desigualdade entre negros e brancos se aprofundou durante a pandemia da Covid-19, com impactos mais intensos sobre os negros, no que tange ao mercado de trabalho:

> Entre o 1º e o 2º trimestre de 2020, segundo dados da Pesquisa Nacional por Amostra de Domicílios Contínua (Pnad Contínua), realizada pelo Instituto Brasileiro de Geografia e Estatística (IBGE), 8,9 milhões de homens e mulheres saíram da força de trabalho – perderam empregos ou deixaram de procurar colocação por acreditarem não ser possível conseguir vaga no mercado de trabalho. Desse total, 6,4 milhões eram negros ou negras e 2,5 milhões, trabalhadores e trabalhadoras não negros (DIEESE, 2021, n. p.).

Estudo publicado em 13.12.2021 mostrou que, enquanto os homens brancos representavam apenas 10% dos mais pobres acima de 18 anos de idade, os negros representavam 70% do restante do grupo e que, com referência aos 0,1% mais ricos, o quadro se alterava por completo, sendo brancos 83% e negros 17%. O estudo[6] revela que a desigualdade econômica entre branco e negro compõe o cotidiano do povo brasileiro.

O IBGE, ao fazer a análise das desigualdades sociais por cor e raça no Brasil[7], levando em conta o ano de 2018, quanto ao mercado de trabalho, no que se refere aos cargos gerenciais, apontou que: 68,6% é ocupado por brancos; 29,9, ocupados por pretos ou pardos, havendo uma taxa de subutilização de 18,8% de brancos e 29% de pretos ou pardos. Distribuição de renda e condições de moradia: pessoas abaixo das linhas de pobreza, inferior a US$ 5,50 por dia, refere-se a 15,4% brancas e 32,9% pretas ou

(5) Disponível em: https://www.dieese.org.br/boletimespecial/2021/conscienciaNegra.html. Acesso em: 10 jan. 2022.

(6) Disponível em: https://madeusp.com.br/wp-content/uploads/2021/12/npe018.pdf. Acesso em: 11 jan. 2022.

(7) Disponível em: https://biblioteca.ibge.gov.br/visualizacao/livros/liv101681_informativo.pdf. Acesso em: 11 jan. 2022.

pardas; inferior a US$ 1,90 por dia, 3,6% brancas e 8,8% pretas ou pardas. Educação (taxa de analfabetismo — pessoas com 15 anos ou mais de idade): branco, total de 3,9%; pretos ou pardos total de 9,1%; urbano brancos, 3,9%; 6,8% pretos ou pardos; rural, brancos 11% e 20,7% pretos ou pardos. A representação política na Câmara dos Deputados se dá com 24,4% de pretos ou pardos e 75,6% de brancos ou outros. Quanto à violência, em 2017 (taxa de homicídios, por 100 mil homens jovens, de 15 a 29 anos de idade): brancos, total de 34, sendo 63,5 homens e 5,2 mulheres; pretos ou pardos um total de 98,5, sendo 185 homens e 10,1 mulheres.

A pesquisa do IBGE apontou que o índice de taxa de subutilização do negro é maior em referência ao branco:

> Assim como no total da população brasileira, as pessoas de cor ou raça preta ou parda constituem, também, a maior parte da força de trabalho no País. Em 2018, tal contingente correspondeu a 57,7 milhões de pessoas, ou seja, 25,2% a mais do que a população de cor ou raça branca na força de trabalho, que totalizava 46,1 milhões. Entretanto, em relação à população desocupada e à população subutilizada, que inclui, além dos desocupados, os subocupados e a força de trabalho potencial, as pessoas pretas ou pardas são substancialmente mais representadas – apesar de serem pouco mais da metade da força de trabalho (54,9%), elas formavam cerca de ⅔ dos desocupados (64,2%) e dos subutilizados (66,1%) na força de trabalho em 2018. A relativa desvantagem desse grupo populacional se mantém mesmo quando considerado o recorte por nível de instrução. A taxa composta de subutilização da força de trabalho, por exemplo, é maior entre as pessoas de cor ou raça preta ou parda, qualquer que seja o nível considerado, sendo essa diferença relativamente menor entre aquelas que possuem o ensino superior completo. Padrão semelhante é verificado no que concerne à taxa de desocupação (IBGE, 2019, p. 2).[8]

(8) Disponível em: https://biblioteca.ibge.gov.br/visualizacao/livros/liv101681_informativo.pdf. Acesso em: 10 jan. 2022.

Segundo o IBGE(9), o rendimento do trabalhador branco é superior ao do trabalhador negro, mesmo no caso de trabalhadores com curso superior.

> Ao longo da série histórica e regionalmente, a população branca obtém vantagem também no tocante aos rendimentos do trabalho. Esse quesito é fundamental na medida em que compõe importante fonte de renda para a aquisição de bens e serviços e para o padrão de consumo alcançado pelos indivíduos e suas famílias.
>
> Em 2018, o rendimento médio mensal das pessoas ocupadas brancas (R$ 2.796) foi 73,9% superior ao das pretas ou pardas (R$ 1.608). Tal diferença relativa corresponde a um padrão que se repete, ano a ano, na série histórica disponível. A desigualdade salarial em favor da população ocupada branca ocorreu com intensidades distintas nas Grandes Regiões, mas se manteve tanto nas Unidades da Federação que apresentaram os menores rendimentos — Maranhão, Piauí e Ceará —, quanto nas que registraram os rendimentos mais elevados — Distrito Federal, São Paulo e Rio de Janeiro.
>
> O recorte em categorias de rendimento, segundo o tipo de ocupação, revelou que, tanto na ocupação formal, como na informal, as pessoas pretas ou pardas receberam menos do que as de cor ou raça branca.
>
> Nota-se que quanto maior o nível de instrução, maior o rendimento, sendo significativo o prêmio para quem possui o ensino superior completo. Entretanto, as disparidades de rendimentos do trabalho, quando analisado o aspecto cor ou raça, mantêm-se presentes em todos os níveis de instrução, inclusive no mais elevado: as pessoas brancas ganham cerca de 45% a mais do que as de cor ou raça.
>
> As razões de rendimentos entre categorias de cor ou raça e de sexo indicam que o diferencial por cor ou raça é maior do que

(9) Disponível em: https://biblioteca.ibge.gov.br/visualizacao/livros/liv101681_informativo.pdf. Acesso em: 10 jan. 2022.

o diferencial por sexo. Enquanto as mulheres receberam 78,7% do valor dos rendimentos dos homens, em 2018, as pessoas de cor ou raça preta ou parda receberam apenas 57,5% dos rendimentos daquelas de cor ou raça branca. O diferencial por cor ou raça é explicado por fatores como segregação ocupacional, menores oportunidades educacionais e recebimento de remunerações inferiores em ocupações semelhantes. As razões de rendimentos combinadas por cor ou raça e sexo mostram diferentes resultados comparativos. Destaca-se a vantagem dos homens brancos sobre os demais grupos populacionais, sendo que a maior distância de rendimentos ocorre quando comparados às mulheres pretas ou pardas, que recebem menos da metade do que os homens brancos auferem (44,4%). O segundo grupo de maior vantagem é o da mulher branca, que possui rendimentos superiores não só aos das mulheres pretas ou pardas, como também aos dos homens dessa cor ou raça (razões de 58,6% e 74,1%, respectivamente). Os homens pretos ou pardos, por sua vez, possuem rendimentos superiores somente aos das mulheres dessa mesma cor ou raça (razão de 79,1%, a maior entre as combinações).

O recorte tanto por nível de instrução, quanto por hora trabalhada, reforça a percepção da desigualdade por cor ou raça. Em 2018, enquanto o rendimento médio das pessoas ocupadas brancas atingiu R$ 17,0 por hora, entre as pretas ou pardas o valor foi R$ 10,1 por hora. Em relação ao nível de instrução, as pessoas ocupadas de cor ou raça preta ou parda receberam rendimentos por hora trabalhada inferiores aos das pessoas brancas, independentemente do nível considerado. Nota-se que quanto maior o nível de instrução, maior o rendimento, sendo significativo o prêmio para quem possui o ensino superior completo. Entretanto, as disparidades de rendimentos do trabalho, quando analisado o aspecto cor ou raça, mantêm-se presentes em todos os níveis de instrução, inclusive no mais elevado: as pessoas brancas ganham cerca de 45% a mais do que as de cor ou raça preta ou parda (IBGE, 2019, n. p.).

O Tribunal Superior do Trabalho, em 09.12.2020(10), divulgou em seu site que a Segunda Turma daquele Tribunal reconheceu a falta de diversidade racial no guia de padronização visual da rede de laboratórios Fleury S.A., de São Paulo (SP), o que configura uma forma de discriminação, ainda que indireta, porque o guia, ao não contemplar pessoas negras, tem efeito negativo sobre empregados negros e fere o princípio da igualdade.

> A decisão foi proferida na reclamação trabalhista ajuizada por uma operadora de atendimento. Ela disse que, antes de exercer a função, havia passado por um treinamento de capacitação técnica e de aspectos estéticos e visuais durante 40 dias. Na segunda etapa, denominada Treinamento de Padronização Visual, em que era explicado o padrão adotado em relação a cabelos, vestimenta e maquiagem, foi distribuído um material que lhe causara estranheza, por não fazer referência à cútis ou ao cabelo da raça negra.
>
> Uma das exigências do guia de padronização era que os cabelos abaixo dos ombros deveriam ficar sempre presos. Os cabelos mais curtos, desde que não tivessem franja, poderiam ser usados soltos. Segundo a operadora, no entanto, embora seus cabelos se enquadrassem nesse caso, foi orientada a mantê-los sempre presos porque, segundo a supervisora, "chamavam muita atenção por conta do volume". Ainda conforme seu relato, seu pedido para usá-los soltos, no estilo *black power*, foi negado, enquanto funcionárias de cabelos curtos lisos podiam fazê-los. Pouco depois, foi demitida sem justa causa (Tribunal Superior do Trabalho, 2020, n. p.).

É cabível, mas desnecessário reproduzir inúmeras pesquisas que apontam para o efeito negativo do racismo nas relações de trabalho. É uma constatação que está inserida nas pesquisas relacionadas ao tema, sendo cientificamente incontestável. Com base nessa premissa, este livro parte da consideração de que a cor da pele é elemento ou um elemento fundamental para a desigualdade do negro no mercado de trabalho. Essa ausência de igualdade motiva a refletir sobre um sistema jurídico e de justiça que busque a equidade. A lealdade científica impõe grafar que a interpretação e aplicação do Direito do Trabalho no Brasil, em prol da efetivação da cidadania

(10) Disponível em: https://www.tst.jus.br/web/guest/-/falta-de-diversidade-racial-em-guia-de-padroniza%C3%A7%C3%A3o-visual-de-empregados-%C3%A9-considerada-discriminat%C3%B3ria. Acesso em: Acesso em: 12 nov. 2022.

e da democracia, é uma possibilidade para a efetivação da igualdade racial, todavia, não se pode cair na armadilha da crença absoluta no Direito.

> A leitura que se faz não pode ser vítima da ingenuidade e ignorar que: é pela luta que a classe trabalhadora obtém conquistas (basta lembrar que nas primeiras aulas de Direito do Trabalho é feita a abordagem das fontes materiais e formais do direito, sendo as fontes materiais classificadas como os fatores sociais, econômicos, históricos, psicológicos, que motivam o surgimento da norma jurídica); o direito não tem capacidade revolucionária, mas reacionária, sendo ilusório acreditar que somente por meio de novas leis e das Instituições Jurídicas a sociedade capitalista melhorará; a escola é um espaço de reprodução, porque é burguesa, e não discute as questões voltadas ao trabalhador, mas pode ser um espaço de contradição (Barros, 2021, p. 160).

Se o objeto da ciência é a realidade, não é possível deixar de levar em consideração que *"As críticas ao Direito e à sua limitada atuação como instrumento transformador, por sua própria essência, já ocorreram há algum tempo e, quanto a isso, a academia demonstra expressiva aquiescência"* (Bersani, 2020, p. 21).

Partindo dessa realidade, a análise teórica abordará os dados e se desenvolverá, porque o estudo não pode deixar de observar a realidade. Se assim não fizer, não poderá ser classificado como pesquisa.

O percurso da pesquisa retoma uma questão perturbadora, que se refere à omissão do branco em relação ao racismo no Brasil, muito bem descrita por Carone e Bento (2014, p. 27) ao assinalarem que há *"uma espécie de pacto, um acordo tácito entre os brancos de não se reconhecerem como parte absolutamente essencial na permanência das desigualdades raciais no Brasil"*.

A desigualdade racial é uma realidade e o problema é de toda sociedade. Ao negro cabe reivindicar, teorizar, incomodar e não se conformar; e ao branco, reconhecer sua omissão, questionar os motivos da desigualdade racial e ter ação em prol da extinção da desigualdade racial. Mas fica evidente que, quando não há o foco no branco, não há o foco no privilégio do branco em detrimento do negro ao sustentar o racismo estrutural. Além da questão da relação de trabalho, estudos apontam que *"mesmo em situação de pobreza, o branco tem o privilégio simbólico da brancura, o que não é pouca coisa"* (Carone; Bento, 2014, p. 27).

Gonzalez (2020, p. 310) sintetizou muito bem a questão:

> Enquanto a questão negra não for assumida pela sociedade brasileira como um todo, negros e brancos, e juntos refletirmos, avaliarmos, desenvolvermos uma práxis de conscientização da questão da discriminação racial neste país, vai ser muito difícil, no Brasil, se chegar ao ponto de efetivamente sermos uma democracia racial. No lastro do todo das questões que são colocadas, o que se percebe é que estamos num país em que as classes dominantes, os donos do poder e os intelectuais a serviço dessas classes, de fato, não abrem mão. Eles não estão a fim de desenvolver um trabalho no sentido de construção de uma nacionalidade brasileira; nacionalidade que implicará efetivamente a incorporação da cultura negra.

A comparação entre trabalhadores brancos e negros revelam que, mesmo no caso de pobreza de ambos, o negro tem um legado simbólico negativo: a herança que a escravização lhe proporcionou, o que permite ao branco benefício simbólico, como muito bem trabalhado por Moreira (2019) e tantos outros.

Pela evidência da existência de uma divisão racial e sexual do trabalho, seria um equívoco a desqualificar a pesquisa não apontar que a mulher negra sofre tríplice discriminação, em virtude da raça, classe e sexo. As mulheres suportam pesado fardo pelo racismo, o que por si motiva recorte para pesquisa específica.

O racismo se faz presente através de múltiplas determinações que, se não analisadas e não consideradas as contradições dialéticas, torna impossível buscar uma consideração científica e propor o combate que poderá transformar a realidade. O racismo se apresenta na realidade social objetiva e as determinações históricas a ele estão umbilicalmente ligadas, sendo impossível analisar o racismo e o Direito do Trabalho no Brasil sem levar em conta a totalidade, que impõe passar pelo modo de produção que o forjou.

Do ponto de vista da ciência do direito, a questão desafia investigação dos instrumentos jurídicos de e para o controle do comportamento humano, bem como a efetivação desse controle para eliminar o racismo estrutural, em efetivação dos preceitos postos na Constituição da República Federativa do Brasil, nos seus princípios fundamentais, seus objetivos fundamentais, a fim de proporcionar a cidadania, a dignidade da pessoa humana, os valores sociais do trabalho, a constituição de uma sociedade livre, justa e solidária, a erradicação da pobreza, da marginalização, a redução das desigualdades sociais e regionais, a promover o bem de todos sem preconceitos de sexo, dentre outros, com a prevalência dos direitos humanos, com a execução do princípio da igualdade, para a igualdade real, ou melhor, para a equidade.

Inclui a consumação dos direitos sociais ao trabalho, a previdência social, a proteção à maternidade e à infância, a assistência aos desamparados, os direitos dos trabalhadores urbanos e rurais, além de outros que visem à melhoria de sua condição social, com a proibição de diferença de salários, de exercício de funções e de critério de admissão por motivo de cor, dentre outros, a incluir os princípios gerais da atividade econômica, que alcança a valorização do trabalho humano, a assegurar a todos a existência digna, conforme os ditames da justiça social, com a redução das desigualdades regionais e sociais e a possibilidade da busca do pleno emprego do trabalhador negro.

Esses preceitos normativos, que estão nos arts. 1º, 3º, 4º, 5º, 6º, 7º e 170 da Constituição da República Federativa do Brasil, desafiam investigação científica quanto à efetividade e aplicabilidade, sem desprezar outras normas infraconstitucionais e tratados internacionais, que reafirmam esses direitos, notadamente quanto ao negro, o trabalho e o Direito do Trabalho. Ademais, se as pesquisas oficiais apontam para a desigualdade, pode-se afirmar que a efetividade é caótica.

É imprescindível a constituição de uma teoria para a obtenção de decisão jurídica que efetive os preceitos normativos mencionados nas linhas antecedentes, sem desprezar os fenômenos sociais que impulsionam a formação da norma jurídica, bem como os conflitos que impõem a invocação, interpretação e aplicação da norma.

O Direito do Trabalho deve se ocupar do racismo estrutural porque o racismo impede ou dificulta o trabalho do negro. O pensamento tem que partir dessa realidade e o ordenamento jurídico, que regula as relações humanas em uma sociedade, na sua evolução esperada, deve abarcar essas inquietações sociais.

A humanidade depende do trabalho e o modelo de sociedade contemporânea se vale do trabalho alheio remunerado, como regra. Como já foi possível considerar, o pensamento não pode ignorar a ideia de que o trabalho é a *"condição fundamental para toda vida humana"*, conforme Engels (1985, p. 215). Em comparação aos animais, o homem é o único que domina a natureza, realizando as modificações que julga serem necessárias para sua sobrevivência e evolução, revelando que o trabalho tem atuação direta na vida do homem, que é "político".

Ao responder o que é trabalho, a sociologia do trabalho o assim conceitua:

> Se tudo que se refere ao trabalho exige um estudo tão atento, é porque êle merece ser considerado como traço específico da espécie humana. O homem é um animal social, *zoon politikon,* que, ainda hoje, através da variedade dos complexos ecológicos, através das diversidades de ritmo na marcha do progresso técnico, de evolução na estrutura e no nível econômico das sociedades, se ocupa essencialmente no trabalho. O trabalho é um denominador comum e uma condição de toda vida em sociedade. Os exemplos clássicos de trabalho animal, frequentemente citados, os de certos insetos (formigas, térmites, abelhas) ou mamíferos (castores) foram atribuídos pela psicologia zoológica a comportamentos instintivos, num meio de estimulações determinadas. Desde que há adaptação a uma situação imprevista e, por exemplo, fabricação de instrumentos, nós nos aproximamos, como o demonstrarem as céleres experiências de Köhler (1928) como primatas em Tenerife, das condições e exigências intelectuais do trabalho humano.
>
> [...]

> Por essência, através da técnica, o trabalho é a transformação, pelo homem, da natureza que, por sua vez, reage sobre o homem, modificando-o.
>
> [...]
>
> Por outro lado, as definições baconiana, marxista e, de um modo geral, todas as definições do trabalho que põem em destaque a transformação da natureza pelo homem, supõem uma finalidade essencial. A transformação da natureza é orientada para uma finalidade: o seu domínio pelo homem, seu 'senhor e possuidor' (Descartes), a assimilação da sua matéria (transformada em objetos e depois em produtos) para servir as necessidades humanas. Foi o que disse Marx mais ou menos textualmente a propósito do processo de transformação dos objetos em produtos pelo trabalho: 'O processo se extingue no produto, isto é, num valor de uso, matéria natural assimilada às necessidades humanas por uma mudança de forma' (Friedmann; Naville, 1973, p. 24-21).

O trabalho estrutura uma sociedade e ele se torna o seu alicerce. O ser humano necessita do trabalho para satisfazer as suas necessidades básicas, sendo a consciência do ser humano elemento essencial para o trabalho. O ser humano, através do trabalho e da imaginação, obtém as transformações necessárias para a continuidade da espécie, sendo a capacidade de imaginação e produção o objeto de apropriação por outro ser humano, e na sociedade contemporânea essa apropriação é remunerada, como regra. O trabalho que era forçado e explorado sem qualquer retributividade passa a ser remunerado, ou seja, há o uso da força de trabalho alheio, com o direito de propriedade do resultado dessa força, que tem como contrapartida a remuneração. O trabalho passa a ser mercadoria e, como objeto de interesse e constituição do capital que depende do trabalho, passa a ser regulado pelo direito que, com o tempo, vai se especializando a constituir em um ramo da ciência jurídica, com características próprias, autonomia científica e atuação especializada do Poder Judiciário.

Não como uma dádiva divina ou agraciamento do Parlamento ou do Poder Executivo, mas como uma imposição da realidade social, notadamente diante da necessidade de regular as relações sociais do trabalho que desaguavam em conflitos sociais e paralisações de trabalhadores, motivando a mudança no modelo de sociedade, que surgiu a necessidade de regulamentação da relação de trabalho.

No sistema jurídico brasileiro, a regulação se concentra no Decreto-lei n. 5.452, de 1º de maio de 1943, a Consolidação das Leis do Trabalho (CLT), além dos decretos do Poder Executivo, com atuação através do Ministério do Trabalho e Emprego. Em paralelo a essa estrutura, há a atuação do Poder Judiciário, especializado na apreciação e julgamento dos conflitos de trabalho, como o Tribunal Superior do Trabalho, os Tribunais Regionais do Trabalho e as Varas do Trabalho, sem deixar de considerar a atuação do Ministério Público da União, através do Ministério Público do Trabalho.

Na Consolidação das Leis do Trabalho, dois artigos se destacam na conceituação legal da relação jurídica de emprego, os arts. 2º e 3º da CLT, assim redigidos:

> Art. 2º Considera-se empregador a empresa, individual ou coletiva, que, assumindo os riscos da atividade econômica, admite, assalaria e dirige a prestação pessoal de serviço.
>
> Art. 3º Considera-se empregado toda pessoa física que prestar serviços de natureza não eventual a empregador, sob a dependência deste e mediante salário.
>
> Parágrafo único – Não haverá distinções relativas à espécie de emprego e à condição de trabalhador, nem entre o trabalho intelectual, técnico e manual.

A teorização é no sentido de que o Direito do Trabalho, como regra, incide quando há a caracterização da relação jurídica de emprego, que compreende o trabalhador como pessoa natural, que desenvolve os trabalhos com pessoalidade, subordinação juridicamente ao empregador — aquele que recebe ordens do empregador diretamente ou através dos seus prepostos em virtude do contrato — com trabalho não eventual, oneroso — mediante a contraprestação através do salário – e, por fim, estando presente a alteridade, ou seja, o trabalho prestado por conta do empregador que assume os riscos da atividade econômica. Embora a conceituação jurídica não seja a preocupação deste trabalho, a relação que se desenvolve regula a venda da força do trabalho para a execução da produção capitalista, numa relação de desiguais.

Após a abolição da escravatura no Estado de São Paulo, dos 50.000 contingentes de operários, apenas 18% era brasileiro, segundo Nascimento (2008, p. 62).

> Na capital paulista, entre 7.962 operários, 4.999 eram imigrantes, sendo a maioria absoluta de italianos. Pelo recenseamento de 1906 no Rio de Janeiro, numa população de 811.443 habitantes, 118.770 eram operários e a maioria estrangeiros, principalmente portugueses e espanhóis. No Relatório do Departamento Estadual do Trabalho de São Paulo, de 1912, consta que nas 31 fábricas de tecidos da capital trabalhavam 10.204 operários, dos quais 1.843 brasileiros (18%), 6.044 italianos (59%), 824 portugueses (8%) e 3% espanhóis.
>
> Formaram-se, assim, as condições para que o trabalho subordinado viesse a ser regido por leis de proteção, mas não obstante, o Poder Público, fiel ao princípio liberalista que o inspiravam, mantinha-se alheio a qualquer reivindicação. Estas existiram. Atestam-no dois fatos: o elevado número de greves e o movimento político.

As reivindicações dos trabalhadores que ocupavam os postos de trabalho no Brasil, notadamente dos imigrantes que aqui laboravam e identificaram que a modalidade de trabalho era de exploração injusta, com extensas jornadas de trabalho, condições indignas de trabalho, acidentes de trabalho e baixa remuneração, deram causa a inúmeros movimentos de greve que impulsionaram o surgimento das normas jurídicas de regulação ao trabalho.

A regulação também se deu em virtude da intenção de controlar a ideologia anarquista, comunista e socialista que tomava conta da classe operária, que contava com o apoio do Partido Socialista Brasileiro e do Partido Comunista Brasileiro. A organização para contenção das reivindicações da classe trabalhadora e até mesmo para evitar a alteração do modelo de sociedade capitalista, motivou a articulação de Getúlio Vargas e do Partido

Trabalhista Brasileiro para a criação de normas que regulassem a relação de trabalho (Barros, 2007).

As relações de trabalho sem regulação jurídica, sem a proteção mínima ao trabalhador, impunham condições unilaterais precárias por parte do tomador. A necessidade do trabalho ocasionava a aceitação de condições precárias de trabalho e, por outro lado, motivava reações de resistência e de conflitos coletivos.

> Se o patrão estabelecia condições de trabalho a serem cumpridas pelos empregados, é porque principalmente, não havia um direito regulamentando o problema. Mario de la Cueva observa que o contrato de trabalho podia resultar do livre acordo entre as partes mas, na realidade, era o patrão quem fixava as normas; e, como jamais existiu contrato escrito, o empregador podia dar por terminada a relação de emprego à sua vontade ou modificá-lo ao seu arbítrio. A pretensão do empresariado, de melhorar a vida, também determinou essa atitude. Às vezes eram impostos contratos verbais a longo prazo, até mesmo vitalícios; portanto, a servidão velada, praticada especialmente em minas nas quais se temia pela falta de mão de obra (Nascimento, 2008, p. 15).

Os que lideravam a Revolução de 1930 tinham um plano de reconstrução social da nacionalidade e do regime político, sendo o reajustamento das forças econômicas do Brasil e da força humana um propósito a ser alcançado. Tem-se que *"O primeiro cuidado que teve o Governo Provisório foi promover e assegurar a paz entre patrões e operários, corrigindo um dos erros nocivos dos governos passados no tocante à liberdade de associação, em sindicatos das classes trabalhadoras"* (Pimenta, 1944, p. 10).

É certo que, antes de 1943, haviam leis trabalhistas de forma desordenada, esparsas, com cada profissão estabelecendo normas específicas, a exemplo da Lei n. 62/1935, que regulava as relações de trabalho dos industriários e comerciários, a Lei n. 185/1936, que instituiu o salário mínimo, e a reunião dos textos legais se deu pelo Decreto-lei n. 5.452, de 1º de maio de 1943, a Consolidação das Leis do Trabalho. O Ministro Alexandre Marcondes Filho presidiu a Comissão de juristas que elaboraram as normas da CLT. Por óbvio, outras normas jurídicas surgiram e, em um cenário recente, surgiu a Lei n. 13.467, de 13 de julho de 2017, a catastrófica "Lei da Reforma Trabalhista" brasileira, que subtraiu direitos dos trabalhadores e enfraqueceu os sindicatos das categorias profissionais.

A Constituição Federal de 1988, após um processo de amplo debate para a restauração da democracia no Brasil e garantia de direitos sociais, regulou a relação de trabalho com forte carga normativa social trabalhista nos arts. 6º e 7º ao 11.

O conjunto de normas jurídicas reguladoras do trabalho não alcançou os trabalhadores negros, que permaneceram, na sua maioria, desempregados ou no trabalho informal, com prejuízo considerável ao seu desenvolvimento social e econômico. Aliás, sequer eram educados para ocuparem os postos de trabalho, já que a educação foi vedada ao negro escravizado e livre.

O trabalho pelo qual se volta o Direito do Trabalho, que é objeto de investigação, é aquele que muito bem conceitua Souto Maior (2011, p. 38-39):

> Um estudo filosófico sobre o trabalho, tendo como pano de fundo o Direito do Trabalho, impõe-nos grande desafio de compreensão, advindo da constatação de um paradoxo: como veremos, o trabalho ao qual se volta o Direito do Trabalho é o trabalho que se presta a outrem mediante remuneração, ou seja, o trabalho alienado, que traduz, por si, uma realidade complexa, na qual a 'liberdade' de vender a força de trabalho elimina a liberdade do trabalhador, assim como não é fator de verdadeira liberdade para quem ostenta o poder de explorar o trabalho alheio.

A alienação escrita por Souto Maior (2011) é, no seu conceito, a outra face complexa do trabalho *"e pode comportar todas as formas de exploração e 'alienação' humanas fôra impossível enumerá-las. Todo e qualquer trabalho mal escolhido, inadaptado ao indivíduo, acarreta para este efeito nocivos"* (Friedmann; Naville, 1973, p. 24). O Trabalho, estranho para quem o executa, aquele que o prestador do serviço não participa, que não lhe permite manifestar as suas aptidões e capacidades, que o trabalhador tende a fugir como de uma servidão no final do expediente, pode ser compreendido como trabalho alienado.

> Para não ser alienado, como veremos, o trabalho terá de aproveitar condições favoráveis, tanto do ponto de vista técnico e fisiológico, quanto do ponto de vista psicológico. Mas êle se arrisca ainda a ser alienado, e da maneira mais penosa possível, se as condições econômicas e sociais em que é levado a efeito acarretem para o trabalhador a convicção de uma exploração. Urge que este esteja persuadido de que o seu trabalho é equitativamente remunerado, de acordo com a sua qualificação, o seu esforço e a retribuição concedida, na coletividade de que faz parte, a outras categorias de trabalhadores (Friedmann; Naville, 1973, p. 24).

É do trabalho alienado e não alienado que cuida o Direito do Trabalho e isso impõe um olhar que leva em consideração alguns aspectos da sociologia do trabalho, que aponta para a necessidade de respeitar a técnica do trabalho, a aptidão técnica do trabalhador, as características físicas que compõem o quadro fisiológico e a constituição moral que envolve a atividade psicológica do trabalhador.

Retornando ao conceito jurídico de Direito do Trabalho, Nascimento (2008, p. 192) o define como *"o ramo da ciência do direito que tem por objeto as normas jurídicas que disciplinam as relações de trabalho subordinado, determinam os seus sujeitos e as organizações destinadas à proteção desse trabalho, em sua estrutura e atividade"*.

Arnaldo Süssekind *et al.* (2005), quando trata da terminologia e objeto do Direito do Trabalho, assim se posiciona:

> A expressão Direito do Trabalho, por nós adotada neste livro, é, na verdade, a que reúne a preferência dos estudiosos da disciplina em apreço. É que, se há um ramo da ciência jurídica, constituindo em unidade orgânica e doutrinária, que visa a regular e proteger o *trabalho*, como atividade profissional (prestado com subordinação jurídica a empregador, ou, de forma

> autônoma, por trabalhadores de determinadas categorias sujeitas a regulamentações especiais), bem como as relações coletivas e os conflitos que dele resultam — afigura-se-nos óbvio que ele deve ser denominado Direito do Trabalho. Ainda para os que incluem a Previdência Social no seu seguro social e dos princípios peculiares que gerou), tal fato não enseja crítica razoável à designação Direito do Trabalho, uma vez aquela tem por finalidade preponderante a cobertura dos riscos sociais a que estão sujeitos os que vivem do seu *trabalho profissional* (Süssekind *et al.*, 2005, p. 108-109).
>
> É incontestável que o trabalho é uma das pedras angulares da sociedade, sendo o inegável fundamento do desenvolvimento de um país e sua atividade *"absorve por completo a maior parte das atividades do homem, e representa o meio principal e mais generalizado da sua subsistência. As relações permanentes do trabalho não podem ser reguladas da mesma forma que o uso das coisas externas"* (Prado, 1967, p. 14).

O Direito do Trabalho, conceituado no século XX, deverá se adaptar à realidade socioeconômica para a proteção da classe trabalhadora negra e dos negros alijados do mercado do trabalho, que sofrem impacto negativo na dignidade da pessoa humana.

Capítulo 2

O Direito como Instrumento de Estruturação da Sociedade e o Desafio do Direito do Trabalho e da Justiça do Trabalho para Efetivação dos Direitos Sociais

Compreendendo o direito como instrumento de estruturação da sociedade, cujos fenômenos sociais passam pela norma jurídica, com prescrições postas pelo Estado através de um processo legislativo que resulta no conceito do que deve ser a sociedade, faz-se necessário refletir se o direito garante melhores condições humanas, como o jurista e o julgador se comportam diante desse novo desafio e sobre a necessidade de agir e decidir para a efetivação dos direitos e transformação social.

Na sociedade capitalista, o direito positivado é fruto de um Estado que se constitui para a garantia dos interesses da sociedade burguesa em oposição ao poder absoluto da Nobreza e da Igreja. O desenvolvimento da humanidade nas contradições das relações sociais tem o direito como garantidor de uma liberdade e de uma igualdade jurídica, propiciando e mantendo uma sociedade desigual. A respeito dos direitos humanos, a literatura os compreende como a regulação social que garante ao homem viver e se manter em sua dignidade. Como não há cultura de respeito aos direitos dos cidadãos, notadamente dos desfavorecidos economicamente, são imprescindíveis mecanismos para fazer valer um mínimo de dignidade da pessoa humana.

Não é demais escrever que a Constituição preconiza que a República Federativa do Brasil se constitui em Estado Democrático de Direito, tendo como um de seus fundamentos a dignidade da pessoa humana. A sociedade que tem como base o Estado Democrático de Direito possui uma crença muito forte no direito e nas instituições jurídicas, apostando, não raras vezes, no direito e nos "aparelhos" do Estado para a melhoria das condições materiais da vida; mas, na realidade, as condições materiais da vida ditam o modo de viver. Já foi possível questionar cientificamente se o direito é instrumento de manutenção do modelo capitalista de sociedade ou se permite a emancipação ou a implantação de uma sociedade justa e igualitária. O direito, instrumento de regulação e manutenção de determinado modelo de sociedade, regula as relações sociais e apresenta instrumentos de reivindicações quando violado. Existe toda uma estrutura estatal e um complexo normativo que, muitas vezes, mais afasta o cidadão da busca por seu direito do que o aproxima da justiça, sem contar a carência de formação e orientação, o que contribui diretamente para a ausência de busca pela reparação dos direitos violados ou por condição digna de vida, como posto em Barros (2021).

É fato que o direito não surgiu do nada. A história revela que o direito surgiu em decorrência das mudanças das relações materiais e, com o tempo, foi se modificando. O direito constitui-se com as alterações nas relações materiais e, a exemplo, basta análise do sistema de controle social na sociedade feudal e na sociedade capitalista. As resistências ao sistema feudal e as múltiplas contradições que deram causa à estrutura econômica capitalista criaram um direito que tem como objetivo maior a propriedade privada, a livre circulação de mercadorias e a igualdade formal. O fruto da reivindicação burguesa é a formação do Estado de Direito, no qual as regras de conduta são universais, ou seja, para todos; o soberano, que produz a norma jurídica e julga, fica subordinado ao seu próprio direito, encontra-se sob a égide das leis, pondo fim ao Estado Absolutista. Na atualidade, existe um sistema normativo complexo que compreende a Constituição da República Federativa do Brasil, de 1988, leis, decretos, portarias, tratados internacionais, além das decisões judiciais que interpretam a aplicação da norma jurídica ao caso concreto. O que fazer com tudo isso é uma indagação importante, como é importante lembrar que o direito, como técnica jurídica, está para uma sociedade liberal.

O que se faz imprescindível é a análise crítica a respeito da necessidade de existência da Justiça do Trabalho para a efetivação dos Direitos Humanos, em garantia dos direitos sociais, com atuação jurisdicional pautada por uma hermenêutica jurídica que efetive esses direitos, sob pena de negativa da realização de justiça, classificada como justiça negada.

O título deste capítulo pode até receber crítica científica, já que é o Direito do Trabalho o instrumento normativo para regulação das relações sociais, mas será mantido dessa forma porque a reflexão e a provocação científica estão postas para a atuação do Poder Judiciário Trabalhista, que é o destinado à interpretação e aplicação da norma jurídica trabalhista.

O desenvolvimento teórico deste estudo passa pela necessidade de responsabilização do Judiciário quando a função de proteção dos Direitos Humanos não é contemplada e, também, pela necessária atenção ao discurso do livre convencimento, que pode, pela concepção do julgador, deixar de efetivar tais direitos, com o manto da liberdade de convencimento, bastando a motivação.

No modelo de sociedade contemporânea desigual, infelizmente se faz necessária a existência do Estado intervencionista, com normas de proteção social, de um Poder Judiciário Trabalhista que se paute em uma hermenêutica jurídica que efetive o positivado na norma jurídica em questões sociais e, transcendendo, integrar o direito em busca de justiça no caso de omissão normativa, por intermédio da analogia, dos costumes e dos princípios gerais do direito.

A ciência jurídica deve ser o instrumento que possibilite ao ser humano uma visão enraizada da realidade, proporcionando um olhar crítico do Direito do Trabalho, das relações sociais, da formação e interpretação da norma jurídica, respeitando que a análise científica, com a teoria e a prática, deve estar imbricada.

A Justiça do Trabalho deve ou deveria estar para a efetivação dos Direitos Humanos, que compreende os Direitos Sociais, encampando os desafios contemporâneos para a dignidade da pessoa humana e harmonia do convívio social. Não é admissível fazer vistas grossas e não focar na motivação de existência do Poder Judiciário. A "realidade" fica mascarada.

O pensamento sobre a Justiça do Trabalho brasileira e do Direito do Trabalho não pode prescindir da reflexão de que, sem trabalho não há sustentação material da sociedade que, na realidade, tem como base a apropriação do trabalho alheio por quem detém os meios de produção ou faz a gestão do Estado, com apropriação da riqueza por parte de alguns em detrimento do trabalho alheio.

Não é possível pensar cientificamente a Justiça do Trabalho e o Direito do Trabalho se não for levada à consciência a crítica de que os que vivem da estrutura do Estado, incluindo, por óbvio, os que ocupam a função de juiz ou servidor público, dependem de forma direta do trabalho dos que estão a produzir riqueza, dos que detém os meios de produção, trabalhando para as empresas privadas (nos seus múltiplos ramos) e que, através do tributo, mantém a estrutura estatal. Nessa lógica, é necessário entender o que classificamos como visão de mundo — ou ideologia — e que permeia a forma como os sujeitos que compõem o Estado judiciário viveram, vivem e pensam sobre a função do Poder Judiciário trabalhista e do Direito do Trabalho.

O debate científico não pode ignorar que, por mais que se divulgue, acredite ou pense que a prestação do Estado se faz pautada na imparcialidade do julgador, isso é utopia, porque o julgador não está excluído da formação humana. Ele está inserido e moldado em uma realidade de quem nasce e vive em uma sociedade composta, naturalmente, de conflitos, privilégios, necessidades e visões de mundo, que molda o ser humano. Ignorar isso ao pensar a Justiça e o Direito é firmar o pacto da mediocridade.

Todo pensamento que está posto neste livro tem como objetivo alcançar a efetivação dos Direitos Humanos no campo do Direito do Trabalho, que passa pelo sistema de justiça, cuja decidibilidade é essencial e se dá permeada pela subjetividade, composta pelos elementos escritos no parágrafo antecedente e atrai investigação que considerar também a influência da teoria jurídica (doutrina) e da relação ensino e aprendizagem do direito.

Para não ignorar a realidade e descaracterizar o pensamento científico, não se pode desconsiderar as influências do modo de produção da uma sociedade, que impacta nas atuações da vida, cuja ideologia molda o comportamento e reflete nas condutas humanas e, inclusive, na dogmática e decisão jurídica. Levar em conta esse pensamento ajuda a tentar compreender como o julgador se comporta diante de determinado caso concreto, ignorando determinada construção teórica (doutrinária) e adotando outra.

O pensar a Justiça do Trabalho para a efetivação dos Direitos Humanos tende a motivar, por meio do método hermenêutico e interpretativo, a hermenêutica jurídica para alcançar o almejado, adesivado à pesquisa empírica, à análise sociológica e ao debate filosófico.

> **A compreensão do direito vigente requer a apreensão da realidade, ou seja, de como se dá a interpretação social das normas jurídicas nos contextos de decisão (tribunais, administração, decisões empresariais etc.), em meios aos grupos sociais dedicados a tais fins. E ela também demanda a análise do direito socialmente interpretado ou efetivado, seja por grupos, seja por crenças sociais.** Contudo, o campo de análise das possíveis interpretações do direito aplicável, em quadros de decisão multivariada — o direito que deve ser (*ought to be*) — está adstrito ao debate das ciências normativas e tem a hermenêutica e a discussão pretérita sobre as condições da existência do direito para os juristas e as sociedades em foco. (Veronese; Fragale Filho,2015, p. 320)

Nos próximos capítulos, haverá abordagem a respeito do racismo e suas atuações para, depois, retomar ao Direito do Trabalho, em processo de simbiose, a fim de que o pensamento jurídico não seja caótico.

Capítulo 3

Racismos

Embora este estudo não se destine ao esgotamento teórico e prático a respeito dos tipos de racismos, já tratado por outros cientistas, e o objeto deste trabalho seja a análise do direito do trabalho e seu (im) possível caráter civilizatório e democrático diante da influência do racismo estrutural na relação de emprego, uma breve análise, ainda que sumária, será feita a respeito do que se compreende por racismo e as suas formas. Uma importante referência científica contemporânea que permite o racismo e a sua conjugação com o direito é a de Moreira, Almeida e Wallace (2022). Esses autores trazem com rigor o conceito de: racismo institucional, racismo estrutural, racismo interpessoal, racismo recreativo e racismo cultural, com o seu desdobramento em epistemicídio e as imagens de controle.

Reconhecer que o racismo não é uma prática individual é o primeiro requisito para a análise do racismo, porque ele se apresenta como uma dominação racial que outorga vantagens competitivas para pessoas de determinado grupo racial dominante, sendo um atributo exclusivo do grupo dominante a respeitabilidade social, que tem manifestações diferentes em diferentes sociedades e em distintas épocas, com variações históricas, como posto por Moreira, Almeida e Corbo (2022).

O racismo é compreendido como manifestações de natureza múltipla com formas variadas na prática da dominação de um grupo racial sobre outro. Moreira, Almeida e Corbo (2022, p. 107) tratam do racismo, do preconceito racial e da discriminação racial sendo *"o racismo enquanto sistema de dominação, o preconceito racial enquanto reações emocionais motivadas pela circulação de representações negativas de minorias e discriminação racial enquanto prática individual e institucional"*. O racismo na sua estrutura se apresenta como uma prática de superioridade e dominação do branco em relação ao negro.

Para esses pesquisadores, o racismo depreende uma estrutura, o preconceito racial possui um elemento psicológico e a discriminação racial apresenta um complexo de ações aplicadas para a atividade recorrente do racismo, sendo o racismo entendido como um conceito *"que possui uma natureza múltipla, pois pode assumir diferentes formas para promover a dominação de um grupo racial sobre outros"*. (Moreira; Almeida; Corbo, 2022, p. 107). A dominação racial de um grupo por outro é o elemento fundante do racismo e o racismo é um sistema de dominação social que se reprisa por vários mecanismos.

Não sendo o objetivo desse texto a conceituação de racismo e suas formas, esta pesquisa não pode deixar de pontuar a já mencionada classificação feita por Moreira, Almeida e Corbo (2022), devido a sua importância para a compreensão do jurista — que atuará diante dos casos concretos, elaborando políticas públicas, interpretação jurídica, criação de normas jurídicas de efetivação da equidade e dignidade da pessoa humana.

No que se refere ao racismo institucional, os referidos autores discorreram que o racismo não pode se manter sem a ação das instituições públicas e privadas, levando em conta pessoas jurídicas, não atuando de forma individual, mas como uma prática institucional, *"dirigida ao propósito ou ao efeito de garantir vantagens competitivas para pessoas brancas, o que só pode ocorrer por meio institucional"* (Moreira; Almeida; Corbo, 2022, p. 122). Essa classificação considera as desvantagens dos negros como integrantes de grupos éticos e raciais subalternizados, que ocasionam o impedimento de acesso do negro a uma instituição, o tratamento discriminatório do negro dentro das instituições públicas ou privadas, o oferecimento de serviços diferenciados da instituição ou a negativa de acesso aos serviços das instituições, o que acarreta um tratamento não igualitário que até foge da vontade das pessoas que ocupam as instituições.

Quanto ao racismo estrutural, Moreira, Almeida e Corbo (2022) ensinam que o racismo é um sistema social, com práticas coletivas que atribuem vantagens competitivas a pessoas brancas, implicadas com a conservação de práticas discriminatórias que buscam repetir a situação de preservação desse cenário. Os interesses dos grupos dominantes se fazem presentes nas relações sociais, naturalizando a dominação e consequente exclusão, criando normas para tanto, que *"validam procedimentos que pretendem ser aplicados à generalidade das pessoas, mas que, na verdade, são elaborados para atender prioritariamente os interesses de grupos específicos"* (Moreira; Almeida; Corbo, 2022, p. 125).

> A noção de estrutura implica ainda que ações institucionais não podem ser simplesmente identificadas com a vontade de indivíduos específicos, pois elas expressam os parâmetros de ações institucionalizadas que operam de forma independente da vontade de um ou de outro. O racismo possui uma dimensão estrutural porque seu caráter sistêmico faz com que ele passe a atuar de forma independente das representações ou das ações das pessoas.
>
> A dimensão estrutural do racismo implica ainda que ele afeta todas as esferas da vida. Isso ocorre em função da natureza coletiva do racismo, uma vez que instituições sociais responsáveis pela regulação dos mais diversos aspectos da vida seguem uma lógica excludente... Ou seja: vivemos em uma sociedade na qual a classificação dos indivíduos por raças, bem como o reparto de poder e recursos com base nessa classificação, é fator que *estrutura* a vida coletiva como um todo (Moreira; Almeida; Corbo, 2022, p. 126).

A pesquisa permite considerar que, na relação de trabalho, o racismo institucional se dá como um elemento do racismo estrutural em uma simbiose na qual um alimenta o outro e a observação é a de que:

> [...] o indivíduo que sofre discriminação no espaço escolar encontra dificuldades para integração no mercado de trabalho; pessoas impedidas de ter acesso ao trabalho precisam superar obstáculos consideráveis para conseguirem moradia. A existência dessas várias formas de discriminação faz, portanto, com que membros de grupos raciais subordinados estejam em uma situação de grande vulnerabilidade, porque se encontram

> expostos a diferentes formas de violência, as quais geralmente não operam de modo autônomo.
>
> Membros de grupos raciais subalternizados não sofrem com práticas discriminatórias de alguns representantes de certas instituições em situações específicas. Elas são submetidas a tratamentos desvantajosos por *diversas* instituições ao longo da vida, problema que afeta todos os membros desses seguimentos sociais. Essa realidade traz consequências significativas, entre elas a dificuldade de mobilidade social. (Moreira; Almeida; Corbo, 2022, p. 127).

Com referência ao racismo interpessoal, este se manifesta no convívio humano de forma habitual, com comportamento negativo de uma pessoa em relação a outra pelo fato de pertencer a determinado grupo racial, sendo considerada diferente ou inferior, tendo a influência de processos psicológicos que são *"responsáveis pela representação negativa e incorreta de membros de grupos subalternizados, o que motiva comportamentos discriminatórios"* (Moreira; Almeida; Corbo, 2022, p. 129).

Há afirmação de que o racismo interpessoal tem como fundamento a formação da sociedade para reconhecer somente as qualidades positivas em pessoas brancas e, com referência às pessoas negras, os pontos negativos. A análise que se faz é a de que. do ponto de vista psicológico. o racismo interpessoal pode ter natureza intencional e arbitrária e também pode se manifestar de forma inconsciente. O grupo racial dominante tem comportamentos de obstáculo para que negros tenham as mesmas oportunidades que os brancos, com visão de que perderão prestígio e poder, como escreve Moreira, Almeida e Corbo (2022).

O racismo recreativo se configura por atitudes de legitimação cultural, com influência no processo de dominação social, que proporcionem vantagens positivas aos brancos e *"isso pode ocorrer de diversas maneiras, seja por meio da circulação aberta de estereótipos racistas, seja por meio de práticas discursivas que procuram mascarar sua natureza discriminatória"* (Moreira; Almeida; Corbo, 2022, p. 130).

Essa prática que mascara a natureza discriminatória se dá por meio do humor hostil, que materializa o desprezo contra o negro — apresentando o branco com uma imagem social positiva, porque a sociedade admite o humor racista, e alcançando negativamente a respeitabilidade social do negro, subtraindo-lhe o prestígio. Trata-se de *"uma estratégia de dominação que perpetua a noção de que os brasileiros cultivam uma cultura pública de cordialidade, ao mesmo tempo que recorrem ao humor racista para legitimar a dominação racial"* (Moreira; Almeida; Corbo, p. 131).

Esse tipo de racismo, que permeia as relações sociais e no ambiente de trabalho, está naturalizado.

> Racismo recreativo também pressupõe o racismo aversivo, um tipo de comportamento a partir do qual pessoas expressam compromissos com ideais igualitários, mas procuram evitar contato próximo com membros de minorias raciais... pessoas que praticam o racismo recreativo argumentam que não pode ser chamadas de racistas porque convivem com pessoas negras.
>
> [...] como expressões de desprezo convivem com atitudes racistas encobertas pela noção de cordialidade.
>
> [...] obtemos prazer quando contamos piadas ou quando rimos de piadas porque o conteúdo delas afirma nosso sentimento de superioridade em relação a membros de certos grupos. Outros argumentam que o efeito cômico decorre de algo inesperado, de uma fala ou situação que desafia a lógica ou é contrária às nossas expectativas culturais (Moreira; Almeida; Corbo, 2022, p. 134).

O racismo cultural se manifesta através do rebaixamento dos valores, crenças, mitos e ritos ligados aos negros, com depreciação da cultura do negro, que compõe a arte, a religião, a linguagem, os trajes, a filosofia, a história, acarretando na desvalorização ideológica. Há, portanto, violência cultural. Essa forma de racismo causa o denominado epistemicídio, ignorando ou tentando abafar o conhecimento, a produção intelectual e as visões de mundo dos negros, bem como causa a nomeada imagens de controle, conforme pontuam Moreira, Almeida e Corbo (2022).

As imagens de controle, a exemplo de propagação de ideias jocosas dos negros, com alegação de que são preguiçosos, malandros, dentre outras, em consequente desvalorização e desumanização, são tidas como *"representações caricaturais de grupos vulneráveis feitas com o intuito de desumanizá-los, de modo a normalizar as posições de subalternidade a eles impostas"* (Moreira; Almeida; Corbo, 2022, p. 134).

Fonseca (2023) apresenta a conceituação do racismo semântico-simbólico-cognitivo como sendo um fenômeno sociopsíquico que tem bases em processos histórico-culturais e político-econômicos, cuja atuação mascara a realidade e não impede, obsta ou recusa, de forma explícita, a presença negra nos espaços ou ambientes. Independentemente do ambiente em que esteja, o racismo contemporâneo é um fenômeno que mascara com seu simbolismo, informações sociais e valores culturais, o seu maleficio, não se valendo, pois, da força bruta e direta dos racistas violentos. O referido autor traz à consciência que não se deve considerar apenas um tipo de racismo para que seu alcance seja elucidado ou justificado e ressalta que não pode ser compreendido como fruto de apenas uma origem social ou uma estrutura fixa.

De acordo com Fonseca (2023, p. 38-39):

> Ele não é nem pode ser visto como um fenômeno isolado e ensimesmado; é um processo e, sendo mutante, se transforma de modo dinâmico com sua ação maleável, se modifica no jogo das relações sociais e culturais mais amplas, como um sistema complexo multifacetado.
>
> [...]
>
> Os racismos convivem conosco de maneira umbilical, pois tem suas bases em nossa vida privada de casa, mas também na coletiva da rua, da escola e do trabalho, por exemplo. Isso significa que eles são materiais, palpáveis, concretos, mas também imateriais, semânticos, simbólicos; suas raízes estão no nosso universo cognitivo, de signos e significados, sendo um fenômeno-processo de apreensão da realidade social.

Para os que trabalham com o conceito de racismo estrutural, é possível destacar que:

> O racismo estrutural corresponde a um sistema de opressão cuja ação transcende a mera formatação das instituições, eis que perpassa desde a apreensão estética até todo e qualquer espaço nos âmbitos públicos e privado, haja vista ser estruturante das relações sociais e, portanto, estar na configuração da sociedade, sendo por ela neutralizado. Por corresponder a uma estrutura, é de se registrar que o racismo não está apenas no plano da consciência — a estrutura é intrínseca ao inconsciente. Ele transcende o âmbito institucional, pois está na essência da sociedade e, assim, é apropriado para manter, reproduzir e recriar desigualdades e privilégios, revelando-se como mecanismo colocado para perpetuar o atual estado das coisas (Bersani, 2020, p. 62).
>
> A ausência de qualquer projeto de inclusão dos africanos e seus descendentes após longo período de escravismo na História do Brasil, associada a uma transição para o capitalismo que operou o racismo em sua centralidade — o que contribuiu não somente para o surgimento, mas também para o fortalecimento do referido sistema socioeconômico — trouxeram uma distorção relevante para o estudo do racismo estrutural: eis o Estado Branco (Bersani, 2020, p. 70).

Almeida (2018) faz importante abordagem sobre o racismo estrutural e a sua conceituação aponta que o racismo decorre da própria estrutura social, embutido na constituição das relações políticas, econômicas, jurídicas, imbricado nas relações sociais.

> As instituições são apenas a materialização de uma estrutura social ou de um modo de socialização que tem o racismo como um de seus componentes orgânicos. Dito de modo mais direto: *as instituições são racistas porque a sociedade é racista*. Esta frase aparentemente óbvia tem uma série de implicações. A primeira é a de que se a há instituições cujos padrões de funcionamento

> redundem em regras que privilegiem determinados grupos raciais, é porque o racismo é parte da ordem social. Não é algo criado pela instituição, mas é por ela reproduzido. Mas que fique a ressalva já feita: a estrutura social é constituída por inúmeros conflitos — de classe, raciais, sexuais etc. —, o que significa que as instituições também podem atuar de maneira conflituosa, posicionando-se dentro do conflito. Em uma sociedade em que o racismo está presente na vida cotidiana, as instituições que não tratarem de maneira ativa e como um problema a desigualdade racial irão facilmente reproduzir as práticas racistas já tidas como 'normais' em toda a sociedade. É o que geralmente acontece nos governos, empresas e escolas em que não há espaços ou mecanismos institucionais para tratar de conflitos raciais e de gênero.
>
> [...]
>
> Em resumo: o racismo é uma decorrência da própria estrutura social, ou seja, do modo 'normal' com que se constituem as relações políticas, econômicas, jurídicas e até familiares, não sendo uma patologia social e nem um desarranjo institucional. O racismo é estrutural.
>
> [...]
>
> O racismo se expressa concretamente como desigualdade política, econômica e jurídica (Almeida, 2018, p. 36-38).

Independentemente do conceito que se dê, o racismo é uma realidade na sociedade e tem implicação direta no desemprego, na relação de trabalho e de emprego.

Nesse contexto, Fernandes (2007), na década de 1950, aponta que a realidade social era a de acumulação de vantagens a favor dos brancos e *"o negro vive nos limites de sua segunda natureza humana e tem de aceitar e submeter-se às regras dos brancos e com vistas à felicidade dos brancos"* (Fernandes, 2007, p. 31).

Bersani (2020) apresenta que, entre 24.10.1999 a 02.06.2019, nos Tribunais Regionais do Trabalho, 870 acórdãos continham os termos "racismo", sendo 64,8% o percentual com debate sobre racismo e 52,1%

com reconhecimento de práticas racistas na vigência do contrato de trabalho, sendo que a pesquisa não se valeu dos termos "discriminação" e "preconceito". Os acórdãos analisados, alguns com trechos transcritos, evidenciam o racismo no ambiente de trabalho com a absolvição do empregador, a reificar o racismo estrutural.

A pesquisa de Barsani (2020) confirma que o racismo ainda é o privilégio do branco, cujo processo histórico de racismo é modernizado e camuflado, pois *"a nossa história também é uma história do branco privilegiado para o branco privilegiado, não importa se haja ou não alguma contradição entre raça e genotípica e a raça fenotípica, ou entre as aparências e as realidades"* (Fernandes, 2007, p. 33).

Em uma síntese possível, o racismo se apresenta como a consciente ou inconsciente superioridade do branco em relação ao negro, com a organização das estruturas sociais em benefício do branco, o que advém de um conjunto histórico, social e psicológico que acarreta a discriminação e preconceito baseados na raça ou etnia, com tratamento injusto, desigual e opressor, estrutura social de invisibilidade do negro e instrumentos e comportamentos invisíveis e aparentes de benefício do branco que, historicamente, no Brasil, teve vantagem de estrutura social, econômica e psicológica.

A consequência desse comportamento social, constitui e se mantém através de um sistema que sustenta e se sustenta nas estruturas sociais, políticas e econômicas da sociedade brasileira, materializando-se por meio de comportamentos, ideologias, normas e interpretações jurídicas, que renovam a desigualdade racial, desaguando em privilégios para pessoas brancas e subalternidade, desigualdade e discriminação sistemática de pessoas negras.

Historicamente, o negro é visto como instrumento para o trabalho e produção de riqueza, reforçado pela escravização, sem laços históricos e psicológicos de afetividade do branco em relação a ele, além do perigo que o negro representava e atualmente representa para o branco, com o desejo legítimo de pleno gozo da vida, com efetiva cidadania e ocupação legítima dos espaços de poder. Por isso a defesa de que o racismo, notadamente nas relações de trabalho e emprego, advém da forma estrutural, manifesta-se de forma consciente e inconsciente, como Freud (2011) bem apresenta no livro *Psicologia das Massas e Análise do Eu.*

Capítulo 4

O Estado e o Racismo

O Estado brasileiro tem participação decisiva na incorporação do racismo na cultura do País. Foi, pois, com a atuação direta do Estado que a escravização do negro se instalou, proporcionando o desenvolvimento da Colônia e enriquecimento de Portugal, com contribuição essencial para a independência do Brasil, visto que, sem a garantia da produção para a subsistência, seria impossível a desvinculação de Portugal.

Partindo dessa perspectiva, o atual discurso democrático de igualdade e liberdade, somado ao da solidariedade, com materialização na Constituição da República Federativa do Brasil, apenas se apresenta para legitimar a ideia de que existe de fato um Brasil democrático, o que seria ideal, mas não real. Nesse sentido, há uma convergência de ideias de juristas que permitem considerar que carecemos de efetivação da democracia no Brasil:

> Ademais, cabe indagar se a questão racial é efetivamente enfrentada no país com escopo na igualdade ou se este princípio constitui-se em um mero instrumento de retórica que não tem o condão de se concretizar diante das estruturas postas na sociedade (Bersani, 2020, p. 24).

Ao escrever sobre o racismo estrutural e direito à desestratificação, BERSANI disserta que:

> O trabalho, também previsto como direito social na Constituição Federal, corresponde à principal ferramenta pela qual se tem acesso à sobrevivência. Trata-se, aliás, de verdadeira

> condição de sobrevivência. É por ele que se proclama o desenvolvimento da sociedade, o bom funcionamento dos diversos mecanismos pelos quais cada cidadão ocupa o desenvolve seu papel no contexto social. Entretanto, intrínseca e protagonista no contexto do trabalho é a figura do trabalhador, gênero, imerso a um conjunto de imposições, de peculiaridades e, portanto, de categorias, as quais irão receber maior ou menor influência das contradições existentes (Bersani, 2020, p. 24).

É indiscutível que o trabalho se faz fundamental para a existência humana, tanto que é reconhecido pela Carta Política; porém o modo de produção é uma forma de reprodução que gera desigualdade social, sendo permeado pelo racismo, herança do escravismo colonial que imperou no Brasil, sob a tutela do sistema normativo e dos agentes políticos que o elaboraram, manifestando a ideologia dominante.

A cultura do trabalho no Brasil tem como raiz o ser humano de cor de pele preta, considerado um "bem objetivo", já que estava submetido à autoridade de outro ser humano, seu proprietário, e tinha sua titularidade ao seu dono assegurada pelo direito – que só foi formalmente modificado em 13 de maio de 1888.

Atualmente, o ser humano de pele preta, que detém a liberdade para contratar e tem a sua subjetividade reconhecida, era até 1888, um passado próximo, tido como um objeto, que apenas servia para produzir riqueza ao seu senhor e estabilidade à Colônia, à Coroa Portuguesa, e ao Brasil que se formava.

Por óbvio, a vinda compelida de africanos escravizados para o Brasil teve como causa e objeto o trabalho forçado, sem remuneração, tornando-se a locomotiva para o conceito negativo que se tem do negro, o "objeto" destinado somente para servir à força, cujos trabalhos eram os mais cruéis. As relações de produção escravistas eram o motor da vida no seu aspecto social, econômico, político, com consequências ideológicas e jurídicas.

Não são poucas as literaturas que revelam que a escravização do negro o tornou propriedade e, por isso, era tratado como mercadoria, considerado inferior e subjugado, com a privação de liberdade e direitos básicos. Como coisa e objeto de trabalho forçado, destinado às tarefas pesadas e desumanas, com condição de vida precária, pouca alimentação, moradia inadequada e ausência de cuidados básicos de saúde, o negro era submetido a castigos físicos brutais, como açoites e torturas — formas de controle e punição.

A modernização das relações de produção no Brasil advindas da industrialização impôs a vinda dos imigrantes para o País e, mesmo após 13 de maio de 1888, o ex-escravizado continuou à margem da sociedade. Isso é fato com resultado direto na forma como se via e se vê o negro. A visão de inferioridade e desumanização do negro foi uma edificação social e ideológica que motivou o argumento e a prática de exploração e opressão racial. Essa construção social e ideológica a respeito do negro tem efeito após a abolição da escravatura, visto que continuaram os privilégios para o branco, porém o racismo estrutural já estava alicerçado, impondo vários desafios e discriminações, mesmo com as normas jurídicas "atestando" em sua escrita a de igualdade de direitos e oportunidades.

A forma de produção de riqueza, com a abolição da escravatura, não outorgou ao negro medidas de inclusão social e econômica, jogando-o à própria sorte, sem acesso à terra, à condição digna de moraria, educação, trabalho e emprego digno.

A escravidão, que pela sua lógica submetia o negro à piores condições de vida, é a matriz do capitalismo brasileiro. Não é novidade grafar que desde a colonização a escravização dos africanos foi o sustentáculo da acumulação de riqueza e do desenvolvimento econômico do Brasil. Por séculos o trabalho do negro escravizado foi a base da economia brasileira e o resultado do trabalho foi concentrado nas mãos dos proprietários de terras e comerciantes. Os brancos que trabalhavam para a corte e depois para o Estado brasileiro também se beneficiaram com o resultado do trabalho do negro, já que era o trabalho do escravizado que permitia à Coroa e ao Estado brasileiro pagarem os seus funcionários.

> Portanto, o estudo do racismo estrutural não pode ser realizado de forma desconectada da análise do capitalismo brasileiro, uma vez que tais elementos estão atrelados entre si e, desta forma, é possível afirmar que o racismo está presente nas estruturas de opressão não apenas do próprio Estado, mas também de todas as relações constituídas a partir da ideologia socioeconômica

> que teve como fundamento o escravismo colonial e continua a reproduzir seus mecanismos de exclusão e marginalização (Bersani, 2020, p. 52-53).

O Estado brasileiro que se formou e se mantém tem, pois, como lógica o capital cujo nascedouro teve como fonte exclusiva de sua produção da riqueza o trabalho do negro escravizado. O negro era excluído da sociedade da sua época e também tem seus descendentes excluídos da gestão da sociedade contemporânea, que, como no passado, não participam das questões da sua sociedade, continuando suprimidos dos espaços públicos e privados. O sistema colonial e sua empresa mantêm os interesses econômicos e políticos da classe branca dominante pelo trabalho escravo. Quem moldou esse Brasil foi o trabalho das negras e dos negros escravizados, sujeitos produtores da riqueza, sujeitos históricos.

Soma-se à exclusão ou negação de sujeito de direito do negro escravizado a ausência de qualquer sistema, projeto ou política de sua inclusão na vida em seu sentido amplo (com participação ativa, moradia, trabalho, saúde, respeito, lazer etc.), questão muito bem apresentada pela pesquisadora e professora Ângela Alonso (2015) no livro *Flores, votos e balas*: o movimento abolicionista brasileiro (1868-88). A pesquisadora faz menção ao programa Rebouças, que visava garantir direitos políticos e terra a trabalhadores livres após a abolição da escravatura, mas os escravocratas eram contrários a qualquer tipo de indenização ou reparação aos ex-escravizados, inclusive à garantia de direitos políticos. Aos negros libertos que circulavam no meio social era aplicada a lei da vadiagem, uma técnica jurídica para a prática social de manutenção do controle da população negra que havia obtido a alforria ou já nascido livre. Essa prática social foi importante para a repressão dos negros após, 1888.

É útil para o conhecimento científico trazer à memória o fato de que a alteração do modo de produção escravista para o de trabalho livre não atingiu estruturalmente os interesses da oligarquia, porque a ela a terra era garantida por meio da Lei de Terras, de 1850, regulando a venda e não mais a doação, impedindo, assim, o acesso a terra pelos escravizados libertos e, de forma indireta, possibilitando a aquisição pelos imigrantes que no Brasil vieram trabalhar em substituição a mão de obra negra (Oliveira, 2021). Ou seja, o País que oferece terra aos brancos e miséria aos negros.

A gestão da Colônia e do País era e é branca. A esse respeito, a pesquisa de Bersani (2020), além de ser de extrema utilidade para este trabalho, é fonte de reflexão do Brasil que temos e que queremos, pois apresenta o Estado branco, analisando dados de ocupantes do Poder, iniciando pelo Poder Judiciário, que revela o que em tese é esperado: expressivo número de magistrados brancos e o ínfimo número de pretos e pardos, o que se repete na Câmara dos Deputados e no Senado Federal.

Evidenciando ainda mais essa questão, Pesquisa do Conselho Nacional de Justiça (2023) revela a gritante desigualdade no âmbito do Poder Judiciário brasileiro, o que inclui magistrados, servidores e estagiários, e destaca que *"a magistratura brasileira é, em grande parte, masculina, branca, heterossexual, casada e católica"*[(11)].

A referida pesquisa aponta resultado sobre a magistratura brasileira até a coleta: 82,7% dos respondentes são pessoas brancas; 13,6%, pardas; 1,4%, pretas; 1,3%, amarelas; e 0,3%, indígenas. Revela, além disso, que 97,7% não ingressaram na magistratura por regime de cota; 1,6% foi selecionado por meio de cota étnico-racial; e 0,5%, por cota destinada a pessoas com deficiência.

Bersani (2020) destaca que os negros carecem de ocupação do espaço público, com sub-representação, o que colabora diretamente com as desigualdades sociais e, portanto, com o racismo estrutural. Analisando a pesquisa citada, é possível considerar que, se o negro não é representado nas esferas do Poder político, por consequência lógica, não é representado nas suas pretensões sociais, políticas, econômicas e culturais. A desigualdade educacional entre o negro e o branco é real e tem reflexo direto no acesso à função política através de concurso público, uma vez que o agente político que ocupa o Judiciário obtém o acesso pelo concurso público, que exige bagagem cultural elevada e tempo para decorar e compreender as regras jurídicas. O Estado branco, por óbvio, desenvolve suas políticas e práticas sem mecanismos para a igualdade social. Basta conferir os discursos contrários às ações afirmativas.

(11) Disponível em: https://www.conjur.com.br/2023-set-30/magistratura-masculina-branca-hetero-aponta-censo-cnj. Acesso em: 7 dez. 2023.

O raciocínio, após várias leituras a respeito da formação do Brasil, não pode ignorar que o projeto político de sociedade está estruturado de forma a manter a forma de sociedade desigual, com consequente exclusão do negro. A tentativa de apagamento da reivindicação negra é um dos efeitos da sua ausência nos espaços de poder, porque a sociedade brasileira não é formada para a inclusão do negro, que veio escravizado para se limitar à produção. O seu lugar era o trabalho para gerar a riqueza para os detentores do meio de produção. Mesmo sem se atentar, para o branco o negro é invisível nas suas reivindicações de participação da vida da sociedade, na esfera pública e privada, sendo que não é reconhecida a sua alienação, aliás, a alienação pelo próprio trabalho. Pensamento harmônico permite grafar que a produção da riqueza e o trabalho bruto eram e continuam atribuídos ao negro e a gestão era e continua destinada ao branco. A lógica se mantém sob a tutela do direito, porque o gestor branco está no Estado, cujo gozo advém da função que ocupa, já que o dinheiro da produção advém do trabalhador da indústria, do comércio, do serviço pesado, e do fruto do tributo usa e goza o ocupante das funções públicas. Não seria honesto e nem científico deixar de considerar que o detentor dos meios de produção, o grande empresário, o banqueiro, o grande comerciante, valem-se do trabalho alheio e acumulam riqueza, sem se ocupar com o prazer de vida do trabalhador da ponta, cujo trabalho árduo, via de regra, é destinado ao negro, sem considerar o trabalho informal, cujo resultado apenas permite que o trabalhador se reproduza para estar apto ao trabalho no dia seguinte, produzindo riqueza que não lhe pertence.

De forma consciente ou inconsciente, pela imposição ideológica, o pensamento do branco não considera os fatos que mantiveram e mantém o negro em condição material de inferioridade e sem ocupar cadeiras nas instâncias de poder político, de gestão nas empresas privadas e de boa remuneração no mercado de trabalho.

Reitera-se que basta ler os inúmeros argumentos de resistência às ações afirmativas, que nada são do que mecanismos de efetivação da equidade, o que é um postulado da Constituição da República Federativa do Brasil. O racismo é plantado no Brasil, desenvolve-se, é naturalizado, normatizado e estruturante (Almeida, 2018).

Os que lidam com o direito, notadamente com o Direito do Trabalho, tiveram ou deveriam ter tido acesso à real história do Brasil. Isso por si só permite afirmar que a riqueza que se tem ainda é fruto do trabalho repugnante do escravizado e, enfim, tudo pelo crivo e benefício dos que se alimentavam do Estado — que não eram os negros.

Quando quem lida com o direito expressa que o racismo não existe, que já acabou, ou que não impacta nas relações de trabalho, materializa profunda ausência de conhecimento da realidade do Brasil que vive, sendo um reprodutor da desigualdade e mais, digno de piedade quando inconsciente da sua ignorância.

O que causa frustração é encontrar quem vive numa sociedade estruturada pelo trabalho escravizado se manter materialmente como agente político ou servidor público e não reconhecer que está sustentado pelo negro que compôs e compõe a base de manutenção material do Estado, já que a riqueza não advém apenas do pensamento. O Estado, portanto, manteve e mantém o racismo.

Como já escreveu Schwarcz, em Fernandes (2007, p. 17), *"as relações raciais passam a ser entendidas como estruturas sociais e modelos de exclusão; impasses efetivos para que o país construísse uma ordem democrática e promovesse uma integração efetiva"*. Referida pensadora apresenta a ideia que é uma realidade brasileira, de que a sociedade branca condena o preconceito, mas admite o racismo. A ausência de integração efetiva do negro no mercado de trabalho é uma amostra de que ainda o racismo está latente, mas velado no Brasil.

> Chamado por Fernandes de 'metamorfose do escravo', o processo brasileiro de exclusão social desenvolveu-se de modo a empregar termos como 'preto' ou 'negro' — que formalmente remetem à cor de pele — em lugar da noção de classe subalterna; nesse movimento que constantemente apaga o conflito. Invertia-se, pois, a questão: a estrutura social brasileira é que era um problema para o negro, uma vez que bloqueava sua cidadania plena (Fernandes, 2007, p. 19).

A ausência de trabalho e emprego ou de trabalho e emprego digno não permite ao negro o exercício da cidadania plena e isso está encravado no racismo, onde o benefício de vida plena, como regra, é outorgada ao branco, desde a colonização do Brasil até os dias atuais.

E nada mudou, porque já nas décadas de 40 e 50, Fernandes (2007) denunciava a supremacia do branco, com a acomodação racial, obstando ao negro o seu espaço de protagonista da própria história e não é de espantar que *"ao mesmo tempo que convivemos, não com a realidade mas com um ideal de democracia racial, um racismo brutal vigora entre nós"* (Fernandes, 2007, p. 21).

Como adiante se verá, o preconceito de cor e o racismo alcançam questões econômicas, sociais e psicológicas.

Capítulo 5

A Formação Escolar e o Racismo

A ausência de possibilidade de formação escolar do negro foi fator decisivo para a sua exclusão e imposição em nível de desigualdade em relação ao branco, visto que o escravizado — tido como "coisa" — não possuía o direito subjetivo de acesso à escola e à educação formal, pelo contrário, era legalmente excluído. Atualmente, a escola destinada ao filho do pobre, que concentra os filhos dos negros, é uma instituição que não forma para o acesso aos postos de gestão, cujo acesso se dá por meio de concurso público, nem para os melhores empregos na iniciativa privada ou como autônomos. Muito menos garante formação e condição material para o acesso aos postos eletivos: a população negra não está representada no parlamento brasileiro, se levada em conta a proporção, e o parlamento não representa o povo negro.

Esse é um fato revelado por inúmeras pesquisas, como o trabalho de Surya Pombo de Barros (2016), intitulado *Escravos, libertos, filhos de africanos livres, não livres, pretos, ingênuos: negros nas legislações educacionais do XIX*, que apresenta sob aspecto histórico a relação entre educação, população negra e ordenamento jurídico brasileiro, revelando as proibições no acesso e frequência à escola. Para compreensão da dificuldade ou do reflexo direto da exclusão do negro no mercado de trabalho e do gozo da vida, a referida pesquisa é fonte fundamental, pois analisou leis e regulamentos da instrução primária e secundária de nove províncias e, pela via reflexa, o de mais outras sete localidades:

> Acompanhando as mudanças nas denominações ao longo do século XIX — escravos, não livres, libertos, pretos, filhos de

> africanos livres, ingênuos — nas diferentes províncias, destacam-se interdições e permissões para matrícula e/ou frequência negra entre 1835 (ano das primeiras menções à proibição de matrícula a não livres) e 1887 (última proibição à matrícula de escravos). Utiliza a perspectiva thompsoniana da lei como resultado de disputas e costumes a fim de sugerir explicações sobre a relação entre população negra e instrução no Império. Conclui que a relação entre ordenamento legal e educação ilumina a história da educação no que se refere à presença/ausência negra na escola pública do período Imperial no Brasil (Barros, 2016, p. 591).

A pesquisa de Surya Pombo de Barros (2016) materializa que a província de Minas Gerais, a primeira a determinar a obrigatoriedade escolar e a fazer a exclusão do negro, regulava que somente as pessoas livres podiam frequentar as escolas públicas, nos termos dos seus regulamentos. Em Goiás, a primeira lei sobre instrução, de 23 de junho de 1835, impunha que apenas pessoas livres poderiam frequentar as escolas públicas. No Espírito Santo, a Lei de 1835 vedava ensinar os escravos a ler, a escrever, ao ofício e às artes. Em 1836, o Rio Grande do Norte aprovou o Estatuto para as Primeiras Letras da Província que, ao regular as matrículas, impunha:

> Os Professores não admitirão em suas aulas alunos que não sejam livres: as Professoras porém podem receber escravas; para o fim tão somente de lhes ensinar as prendas domésticas, não as compreendendo, todavia, na matrícula, de que trata o art. 16, sob pena de perda do ordenado correspondente a um mês (Barros, 2016, p. 596).

Nesse sentido, Estatutos para as Primeiras Letras da Província proibiam aulas a alunos que não fossem livres, fazendo expressamente uma ressalva de admissão de escravas para lhes ensinar as prendas domésticas, sem a possibilidade de matrícula, com punição a quem não observasse as regras. Na Província do Mato Grosso, a primeira lei sobre instrução, de 1837, regulava que somente pessoas livres podiam frequentar as escolas públicas, nos termos dos seus regulamentos. Na Paraíba, em 06 de maio de 1837, o que acontecia na primeira lei sobre instrução, de 1835, foram admitidas nas aulas apenas pessoas livres.

No ano de 1837, no Rio Grande do Sul, a lei que criava o Colégio de Artes Mecânicas proibia a admissão de escravos nas oficinas do Colégio, mesmo se o perfil do egresso fosse de órfãos, pobres necessitados e filhos de indigentes, com menção: *"Serão prohibidos de frequentar as Escolas Publicas. 2º Os escravos, e pretos ainda que sejão livres ou libertos"*. A Lei de Instrução Primária de São Pedro do Rio Grande do Sul normatizava a proibição nas escolas de pessoas que padeceram de moléstias contagiosas, escravos e pretos, mesmo que livres e libertos (Barros, 2016).

No ano 1837, a província de Pernambuco, ao escrever sobre a instrução pública, a primeira lei provincial, impôs que as escolas públicas fossem destinadas exclusivamente às "pessoas livres em geral", expressão usada na lei. Barros (2016) aponta que, na cidade de Natal, os primeiros Estatutos do Atheneu impediam matrícula a quem não soubesse ler, escrever ou portasse doenças contagiosas e não permitia o acesso aos escravizados. Em 1848, normatização do Rio Grande do Norte fazia diversas interdições aos livres, não livres, escravizados, ingênuos, libertos, pretos, com finalidade exclusiva de proibição de matrícula às pessoas escravizadas.

Na mesma linha de impedimento do negro escravizado, Barros (2016) apresenta a década de 1850, pelo Decreto Couto Ferraz, de 1854, que regulamentava o ensino primário e secundário da Corte e vedava matrícula e frequência à escola aos escravos.

> Anos 1850 e 1860: a primazia da interdição a escravos.
>
> A década de 1850 tem como marco o Decreto Couto Ferraz de 1854, que regulamentava o ensino primário e secundário da Corte. Entre outros aspectos, ele instituía que, no ensino primário, "Não serão admittidos á matricula, nem poderão frequentar as escolas: [...] § 3º Os escravos". A interdição também era para a instrução secundária: o art. 85 reiterava: "Não serão admittidos á matricula, nem poderão frequentar o Collegio, os individuos nas condições do art. 69". Mas, apesar da reputação que ganhou na historiografia, o Decreto não é o primeiro a proibir a matrícula a escravos. Em Alagoas "os Regulamentos

da Instrução Pública provincial excluíam aqueles que eram submetidos ao cativeiro do direito a escolarização, como o de 1853, que declara 'não podem frequentar as escolas publicas os que tiverem molestia contagiosa e escravos'" (SANTOS, 2013, p. 67). Em Minas Gerais, se em 1835 eram proibidas pessoas livres, no Regulamento de 1854, aparecia: "Não serão matriculados, e nem frequentarão as aulas: os escravos". Vale notar a ênfase na proibição: além de não poderem ser matriculados, os escravos também não frequentariam as aulas. Haveria escravos frequentando-as sem matrícula, que era proibida desde 1835? Por que reforçar a interdição? Thompson (2008, p. 86) afirma: "Na interface da lei com a prática agrária, encontramos o costume. O próprio costume é a interface, pois podemos considerá-lo como práxis e igualmente como lei". A educação de escravos seria o costume, no caso aqui estudado? Nas outras províncias, a repetição da interdição seria a norma ou a tentativa de estabelecer a norma?

No Maranhão, a primeira proibição aos escravos aparece em 1854. Assim como a lei mineira, também anterior ao Decreto Couto Ferraz, na província maranhense, segundo o Regulamento da Instrução Pública, "não poderão ser admitidos à matrícula estavam § 4º Os escravos". Ainda na região norte, em Pernambuco, o Regulamento de 1851 "proibiu o acesso de africanos às aulas públicas (mesmo que livres ou libertos)" (SILVA, 2013, p. 214, grifo nosso). Em 1855, um novo foi instituído. Silva cita o presidente da província: "Segundo o próprio José Bento Figueiredo, em relatório, ele inspirou-se na Reforma Couto Ferraz [...] — e fez apenas algumas alterações para adequá-la à realidade local – por dois motivos: por considerá-la sábia e adequada à manutenção da '[...] unidade de ensino em todo o Império'" (2013, p. 216). Apesar desses exemplos, que matizam o impacto do Decreto Couto Ferraz, é inegável a influência da Corte. No mesmo período, diversas províncias inseriram a proibição à matrícula de escravos em textos semelhantes ao do Decreto e ao das legislações mineira e maranhense, mencionando escravos entre os interditados (Barros, 2016, p. 596-597).

Outros destaques de províncias que por meio do sistema normativo proibiam o acesso à escola: Santa Catarina, em1854; Mato Grosso, com o Regulamento para a Instrução Primária, em 1854; o Regulamento da Casa dos Educandos Artífices do Maranhão, em 1855; no Paraná, em 1857, o regulamento sobre a instrução primária; o regulamento do Colégio dos Educandos Artífices do Rio Grande do Norte, em 1858; em Minas Gerais, o regulamento sobre a abertura de cadeira de primeiras letras, de 1859. Em 1860, a Província de Minas Gerais, através do novo regulamento, reforça a proibição. A primeira reforma de instrução da Bahia grafou a proibição dos escravizados, em 1862. O regulamento do Rio Grande do Norte, em 1865, faz exclusão dos escravizados. Um destaque à Província de Goiás que, em 1835, proibia os não livres e, no Regulamento da Instrução Pública e Particular de 1869, impedia admissão de escravizados, mesmo na instrução particular. Na Província de São Paulo, a primeira norma organizando a instrução pública é de 1846 e a escrita de exclusão dos escravizados é de 1869 (Barros, 2016).

A análise do sistema normativo de exclusão de negros nas escolas, da década de 1870, permite mencionar a lei de ensino noturno no Brasil, a Lei n. 2.040, de 28 de setembro de 1.871, que expressamente proibia o negro de frequentar os bancos escolares. Em Alagoas, o Regulamento de setembro de 18670, no art. 7º, proibia o negro de estudar. O regulamento da Instrução Pública Primária do Paraná, de 1871, tinha como regra expressa a proibição de matrícula de escravizados. Em Santa Catarina, no ano de 1874, a lei sobre o ensino noturno facultava aos escravizados o acesso aos bancos escolares, desde que houvesse a autorização dos senhores. A província do Rio Grande do Norte, em 1872 e a do Mato Grosso, em 1873, em seus regulamentos sobre instrução, subtraíram a escrita de proibição aos escravos.

Em 1874, São Paulo regulou a obrigatoriedade do ensino noturno sem qualquer menção aos escravos, todavia, Santa Catarina e o Rio Grande do Sul, em 1876, escreveram a proibição dos escravos e, no mesmo ano de 1876, o Regulamento para a Escola Noturna Provincial gaúcha apenas no curso noturno foi subtraída a expressão os escravos. Em 1870, a província do Mato Grosso excluiu a proibição dos escravos e, em retrocesso, em 1878, voltou a impor a proibição no texto normativo. A Corte, em 1878, ao regular a educação de adultos, fez a exclusão e deixou expresso que podiam se matricular todas as pessoas do sexo masculino, livres e maiores de 14 anos de idade. Em 1881, a Bahia impunha como condição para a matrícula na escola não ser escravo.

A província de Santa Catarina, no Regulamento para a Instrução Pública, de 1881, expressa a impossibilidade de matrícula de escravizados. Apenas em 1883, e somente no Paraná, há menção aos ingênuos pela Lei n. 2.040, de 28 de setembro de 1871, incluindo-os na obrigatoriedade de frequência nas escolas do ensino primário. O Regulamento da Instrução Pública de Goiás, de 1884, vedava a admissão de escravizados. O Regulamento da Paraíba, de 1886, exigia a condição de livre para a admissão da matrícula e frequência. A província de São Paulo impedia, por meio de norma jurídica, os escravizados nas escolas públicas, até o final do regime que impunha a escravatura, sendo que o Regulamento de 1887 expressava admissão de matrícula, apenas nos cursos noturnos, aos escravizados que obtivessem o consentimento dos seus senhores (Barros, 2016).

> Os trabalhos sobre educação de negros no século XIX constatam as dificuldades, empecilhos e restrições à presença negra na escola, baseadas nos costumes, na cultura, e também na legislação, mesmo quando a lei vedava a instrução aos escravos e não a qualquer outra categoria de origem negra (Barros, 2016, p. 603).

Esses elementos fundamentais apontam para a defesa da tese de que o direito normativo brasileiro regulou a exclusão educacional do negro, cujo reflexo se dá nos dias atuais, dando forma ao racismo estrutural e motivando políticas públicas de reparação do dano material e moral aos afrodescendentes. Há direta influência da impossibilidade de o negro competir por trabalho com o imigrante branco, notadamente trabalho digno, com dano que se potencializa pela impossibilidade financeira de aquisição de terra. É um aspecto material de relevância que não pode ser ignorado.

Segundo a literatura que aborda essa temática, a exclusão social dos negros ainda persiste no ensino superior, mesmo com as políticas de cotas raciais para tal acesso, faltando muito para a efetivação desse direito. Feito esse reconhecimento, registra-se que essa pesquisa não está voltada ao acesso do negro ao ensino superior, mas aponta para a necessidade de efetivação de condições para esse e outros acessos, o que impacta no acesso ao emprego ou condições do emprego.

Ao fazer análise do racismo e relações do trabalho, partindo de indicadores sociais do IBGE, Bersani (2020) aponta o que não é novidade para os atentos: que a população negra representa a maioria dos brasileiros, compõe o maior número de desempregados, domina o trabalho braçal para o homem, a exemplo da construção civil, e o doméstico para a mulher negra, sendo o salário de ambos inferior ao do trabalhador branco, o que reforça que o espírito escravista ainda persiste na sociedade brasileira, sendo o trabalho, sua ausência ou sua precarização, o ambiente propício para o racismo.

Nessa linha de raciocínio, tem-se que a escravidão e o capitalismo andam de mãos dadas, porque a estruturação do Brasil se deu através do trabalho do negro escravizado, embora houvesse uma menor escravização do indígena, gerando riqueza dos detentores dos meios de produção e desgraça aos escravizados e seus descendentes, notabilizando o quanto a forma de trabalho forçado produziu e produz desigualdade. Seria uma boa utopia negar que a escravização do negro não deu causa ou potencializou o racismo e, da mesma forma, que a ausência de acesso ao processo de ensino e aprendizagem não foi fator significante.

O desenvolvimento e a estrutura do Brasil se deram com base na escravização do negro, estando naturalizada e amparada pela política e pelo direito a condição de inexistência humana do escravizado. Acreditar que de 1888 em diante o pensamento ou ideologia escravocrata mudou é uma ingenuidade.

Se, em uma atuação prática, quem aplica o direito entender que não existe desigualdade racial e que políticas de inclusão e interpretações jurídicas de inclusão são desnecessárias, não conhece o sistema normativo de exclusão dos negros nos bancos escolares, revelando ignorância da realidade e eventual fundamentação jurídica pautada no erro ou na intenção consciente ou não de manter a desigualdade.

Capítulo 6

O Racismo Estrutural e a Visão Psicológica

Do ponto de vista da psicologia, é inegável que o racismo afeta negativamente o negro, a sua subjetividade, alcançando o seu imaginário e representações coletivas, atingindo a identificação individual e a formação da identidade coletiva, bem como a autoestima, com a inferiorização do negro e supervalorização do branco. *"A neutralidade de cor/raça protege o indivíduo branco do preconceito e da discriminação raciais na mesma medida em que a visibilidade aumentada do negro o torna um alvo preferencial de descargas e frustrações impostas pela vida social"* (Carone; Bento, 2014, p. 23).

Em pesquisa sobre o branqueamento e a branquitude no Brasil, Bento (2014) apresenta, do ponto de vista da psicologia, o quanto a questão racial legitima a supremacia econômica, política e social do branco, tido como modelo universal de humanidade, padrão de referência que fortalece a autoestima e o autoconceito do grupo branco em desvantagem do grupo negro. *"O outro lado dessa moeda é o investimento na construção de um imaginário extremamente negativo sobre o negro, que solapa sua identidade racial, danifica sua autoestima, culpa-o pela discriminação que sofre e, por fim, justifica as desigualdades raciais"* (Carone; Bento, 2014, p. 26).

A questão da cor e seu alcance econômico, político e social é destacada pela análise psicológica, com a colocação de que *"a elite fez uma apropriação simbólica crucial que vem fortalecendo a autoestima e o autoconceito do grupo branco em detrimento dos demais, e essa apropriação acaba legitimando sua supremacia econômica, política e social"* (Carone; Bento, 2014, p. 25).

A abordagem do racismo estrutural e do direito do trabalho não pode prescindir da consciência de que, para a teoria da discriminação, a noção de privilégio é essencial e o privilégio do branco sobre o negro, de forma consciente ou inconsciente, é o que alimenta a superioridade do grupo. Não pode ignorar os pactos narcísicos entre os brancos, o sentimento de pertencimento social, que alimenta a exclusão e a exclusão moral, que se efetiva na desvalorização do outro ser humano, o que ocorreu na escravização do negro e ainda ocorre na sociedade contemporânea, sendo exemplo o genocídio e a discriminação. (Carone; Bento, 2014).

Negar a herança da exclusão moral do negro na sociedade brasileira corresponde ignorar a própria formação e existência da sociedade brasileira, que se constitui e desenvolve realizando a violência física e moral do indígena e de forma significativa do negro, com os reflexos e atos na atualidade.

> O silêncio, a omissão, a distorção do lugar do branco na situação das desigualdades raciais no Brasil têm um forte componente narcisístico, de autopreservação, porque bem acompanhado de um pesado investimento na colocação desse grupo de referência da condição humana. Quando precisam mostram uma família, um jovem ou uma criança, todos os meios de comunicação social brasileiros usam quase que exclusivamente o modelo branco. Freud identifica a expressão do amor a si mesmo, ou seja, o narcisismo, como elemento que trabalha para a preservação do indivíduo e que gera aversões ao que é estranho, diferente. É como se o diferente, o estranho, pusesse em questão o 'normal', o 'universal' exigindo que se modifique, quando se autopreservar remete exatamente à imutabilidade. Assim, a aversão e a antipatia surgem. Esse processo de considerar o seu grupo como padrão universal de humanidade, e se sentir ameaçado pelos que estão fora deste padrão foi estudado, a partir de outro ângulo... (Carone; Bento, 2014, p. 30).

O branco, tido como padrão de referência de uma espécie, é objeto de estudo pela psicologia social, que destaca o eurocentrismo, o narcisismo e a projeção das mazelas ao outro, com efeito nas relações raciais a buscar a motivação da superioridade do branco sobre o negro, ocasionando as desigualdades, o apoderamento indevido de bens concretos e simbólicos e a sustentação dos privilégios.

Soma-se a isso, o medo, o medo do negro, a dar causa ao branqueamento. As políticas de imigração europeia próxima e após a abolição da escravatura é alimentada pelo medo, que tem seu lado psicológico. *"Assim, o medo e a projeção podem estar na gênese de processos de estigmatização de grupos que visam legitimar a perpetuação das desigualdades, a elaboração de políticas institucionais e até de genocídio"* (Carone; Bento, 2014, p. 35).

A teoria da psicologia aponta para o fenômeno do medo de perder o privilégio, conforme apontam Carone e Bento (2014, p. 38):

> Os sujeitos perdem a capacidade de discernir entre o que é deles e o que é alheio e, então tudo vira falsa-projeção, exterioridade. Sobre a pressão do superego, o *ego* projeta no mundo exterior, como intenções más, os impulsos agressivos que provém do *id* e que, por causa de sua força, constituem ameaça a ele próprio. Ao projetar os impulsos consegue se livrar deles e, ao mesmo tempo, reagir a eles, como algo que pertence ao mundo exterior. É um tipo de paranoia que caracteriza frequentemente quem está no poder e tem medo de perder seus privilégios. Assim, projeta seu medo e se transforma em caçador de cabeça.

A referência à psicologia é de relevância para o pensamento jurídico, para análise das decisões judiciais, das políticas públicas relacionadas ao racismo estrutural, das desigualdades, dos preconceitos, para a criação de normas jurídicas para a equidade e a efetivação das políticas públicas.

Carone e Bento (2014), ao abordarem o narcisismo e a brancura, denunciam que estudos sobre a problemática racial brasileira ignora que o problema do negro é sempre unilateral, ou seja, do negro, omitindo dessa relação o branco, sem se ocupar, portanto, da herança branca advinda da escravização do negro. A abordagem que é feita ignora que o problema das relações raciais e do racismo tem que ter o branco como elemento essencial da análise, porque a identidade racial tem matizes ideológicas, políticas, econômicas e simbólicas. Ademais, o discurso do branco ignora o negro. Há um pacto de negação ou não abordagem a respeito da história e, nessa linha de raciocínio, Edith Piza (1998), citada por Carone e Bento (2014, p. 42), destaca alguns pontos sobre a branquitude, que merecem a atenção:

> [...] algo consciente apenas para pessoas negras;
>
> há um silêncio em torno da raça, não é um assunto a ser tratado;
>
> a raça é vista não apenas como diferença, mas como hierarquia, as fronteiras entre negros e brancos são sempre elaboradas e contraditórias;
>
> há, em qualquer classe, um contexto de ideologia e de prática da supremacia branca;
>
> a integração entre negos e brancos é narrada sempre como parcial, apesar da experiência de convívio;
>
> a discriminação não é notada e os brancos se sentem desconfortáveis quando têm de abordar os assuntos raciais;
>
> a capacidade de apreender e aprender com o outro, como um igual/diferente, fica embotada;
>
> se o negro, nas relações cotidianas, aparece como igual, a interpretação é do exibicionismo, de querer se mostrar.

Essas constatações da psicologia social corroboram a visão de que o racismo é um fenômeno social com concepções negativas e depreciativas que ocupam todas as esferas sociais — o que não é menos atenuado nas relações de trabalho. Ademais, a pesquisa da psicologia social aponta que o desconforto que o racismo causa no branco, quando identificado pelo branco, o leva ao autoconvencimento de que o racismo não existe ou, se existe, os culpados são os próprios negros. Impera o silêncio, o medo, a omissão, os pactos narcísicos, com o manto da indevida apropriação concreta e simbólica de direitos, com o abafamento da cultura do escravizado.

Referenciado por Carone e Bento (2014), tem-se que a ideia de recalcamento coletivo de um ato transgressivo cometido em comum, a psique de massa ou alma de grupo, fruto da subjetividade antecedente que compõe o indivíduo e, por consequência, a coletividade, resulta em um acordo tácito na sociedade brasileira de não falar sobre o racismo e enxergar as desigualdades raciais como adversidades do negro, sendo a culpa do negro, o problema do negro, a surgir o nefasto discurso da meritocracia, que esconde o privilégio do branco no contexto social. O apagamento da realidade, da história de exploração do negro e o abafamento da sua cultura, com a consequência na sua desigualdade nas condições materiais de vida e de consciência e inconsciência.

Nesse mesmo diapasão, é possível sustentar que é muito ingênua e perversa, ou está sob o manto do acordo tácito, a fala de que os imigrantes que vieram para o Brasil em substituição à mão de obra dos escravizados estavam na mesma condição de desgraça, infelicidade ou miséria dos negros, porque o próprio ato de branqueamento do Brasil já consolidava a desigualdade, a ausência de oportunidade e o preconceito, com a vedação da inserção e ascensão do negro na sociedade. Aliás, o negro era expurgado dos centros urbanos que se formavam e para a conclusão basta leitura do importante trabalho de Oliveira (2018), que fez profunda pesquisa sobre a trajetória dos negros e negras no pós-abolição em São Carlos, SP, com recorte de 1880 a 1910, objeto de doutoramento no Programa de Pós-Graduação em Arquitetura e Urbanismo no IAU/USP. Aliás, a pesquisa materializa como o sistema normativo também contribuía para a exclusão do negro na sociedade e essa escrita se dá com sustentação científica. A exclusão do negro à escola com o suporte do sistema normativo apenas reforça o que se afirma nesse texto.

Que seja dito de passagem: esse estudo é destinado ao racismo estrutural no Brasil e o Direito do Trabalho, mas não pode cometer o erro de tratar o problema do negro como não sendo um problema do branco. Ao negro foi imposta uma condição em solo brasileiro e isso não pode ser ignorado, como também não pode ser ignorado o fato de que quando o negro tenta sair do seu estado de subalternidade material, através da ascensão social, ele incomoda a sociedade branca e uma parte dela se apega no discurso da meritocracia. Carone e Bento (2014) trazem à lembrança uma forma de discriminação racial denominada de *"negro fora do lugar"*, *ou* seja, aquela frequentemente apresentada quando se aumenta a escolaridade do negro e ele vai ascender ou ocupar o lugar que outrora era ocupado pelo branco.

O que se compreende das leituras é que há um mito de que a escravidão foi branda, que as relações dos senhores de escravo com o negro foram dóceis, com exceção aos negros rebeldes, fujões, mas nunca imperou uma democracia racial, e mais, a relação cotidiana era violenta e até hoje vigora a não aceitação dos mesmos benefícios, havendo um racismo silencioso, um passado que não passa.

Segundo Fanon (2020), Frantz Omar Fanon, psiquiatra e filósofo político natural das Antilhas francesas da colônia francesa da Martinica, estudioso de estudos pós-coloniais, da teoria crítica e do marxismo, ao analisar o racismo do ponto de vista psicológico, evidencia que a questão econômica está nas relações do racismo:

> [...] *que a verdadeira desalienação do negro requer um reconhecimento imediato das realidades econômicas e sociais.* Se há um complexo de inferioridade, ele resulta de um duplo processo:
> — econômico em primeiro lugar;
>
> —- e, em seguida por interiorização, ou melhor, por epidermização dessa inferioridade.
>
> [...]
>
> A sociedade, ao contrário dos processos bioquímicos, não está imune à influência humana. O homem é aquilo que faz com que a sociedade exista. O prognóstico está nas mãos daqueles que anseiam abalar as carcomidas fundações do edifício.
>
> O negro deve travar a luta nos dois níveis: visto que eles, em termos históricos, se condicionam mutuamente, qualquer libertação unilateral será imperfeita, e o pior erro é acreditar numa independência mecânica de ambos.
>
> [...] A realidade, ao menos desta vez, exige compreensão total. Uma solução deve ser apresentada tanto no nível objetivo quanto objetivo (Fanon, 2020, p. 25).

O racismo se faz e se mantém nas linhas da subjetividade, constituindo-se e se moldando ao indivíduo de modo singular, formando, assim, o psiquismo, bem como da objetividade, ou seja, no exterior, na realidade da vida, nas relações materiais da vida. É inegável os malefícios aos que sofrem os efeitos do racismo estrutural. É doloroso do ponto de vista psicológico e da condição material de vida do negro, excluído da riqueza ou destinado à miséria, como regra, como considerou Fanon (2020, p. 26). *"Somente haverá desalienação genuína na medida em que as coisas, no sentido mais materialista possível, tiverem voltado ao seu lugar"*. Para Fanon (2020), o desvio estrutural do negro advém da civilização branca e da cultura europeia.

A experiência de Fanon (2020) a respeito racismo revela que a vivência do negro com o branco foi implicada pelo processo colonial de exploração, com efeito negativo direto no psicológico, alcançando a estrutura social e a condição material de vida. A superação do racismo está relacionada à descolonização da mente e das condições materiais. O pensamento colonizador é reificado. A situação colonial criou um arsenal complexual no negro e isso deve ser considerado quando pesquisamos o racismo estrutural, conjugado com o Direito do Trabalho, porque o desdobramento da situação colonial se estende no tempo e na mente, tanto do alienador como do alienado.

Se relacionarmos a experiência de Fanon (2020) com a história da escravidão no Brasil e a luta contemporânea do negro, tem-se que a sua cultura, civilização e seu passado histórico, foram-lhe subtraídos, com o desrespeito à subjetividade e impossibilidade de construção material de vida digna.

Embora não seja o recorte desta pesquisa, é prudente trazer ao pensamento que, em ato de opressão psicológica, pode ser lembrada a tentativa de imposição do negro se comportar igual ao branco e a este de modelar, o que se faz latente, principalmente com a mulher negra que, para conseguir emprego, precisa alisar do cabelo.

Soma-se a isso, a violenta e oculta pressão psicológica para que a mulher negra se porte fisicamente como a mulher branca, o que Fenon (2020) denomina de peso da maldição corporal, a "desnegrificação", o branqueamento.

A imposição do estilo e cultura do branco causa um sentimento de inferioridade, sendo o padrão do outro, do branco, o ideal. O sentimento de inferioridade também está tanto na superexploração do trabalho, isso quando não estão desempregados, com retributividade mínima necessária para estar em pé e laborar no dia seguinte, quanto na ocupação de postos de trabalho regulares, com registro na Carteira de Trabalho e Previdência Social (CTPS). Relacionar essa realidade com a literatura permite escrever que é muito difícil para o negro superar seu sentimento de inferioridade e mecanismos de enfrentamento precisam ser efetivados e aperfeiçoados.

> A questão é saber se é possível para ao negro superar seu sentimento de inferioridade, expulsar de sua vida o caráter compulsivo que tanto o aproximado comportamento fóbico. No negro existem uma exacerbação afetiva, uma raiva por se sentir pequeno e uma incapacidade para qualquer comunhão que o confinam em uma insularidade intolerável (Fanon, 2020, p. 65).

Do ponto de vista psicológico, dentro de toda complexidade há o anseio do negro em ser como o branco, ter o poder que ele tem, mas, na realidade, ele recebe uma sanção branca. Eis mais uma questão de frustração, porque o anseio de atrair a atenção do branco, de ser poderoso como ele, de adquirir propriedade, ou seja, de ter condição de vida digna e não ser alienado, é podado. A questão não é simples e, para Fanon (2020, p. 26), *"a retração do ego no processo de defesa bem-sucedido é impossível ao negro. Ele precisa de uma sanção branca"*.

Quando aborda o processo de dependência do colonizado, há por parte de Fanon (2020) uma preocupação em conhecer se uma sociedade é racista ou não. *"De uma vez por todas afirmamos esse princípio: uma sociedade é racista ou não é. Enquanto não percebermos essa evidência, uma quantidade enorme de problemas será deixada de lado"* (Fanon, 2020, p. 101).

Uma questão delicada, mas que pela sua envergadura cultural Fenon (2020) trata com propriedade, é a da relação branco pobre com negro pobre, podendo ser enxertada a questão do branco pobre imigrante e negro recém-liberto no Brasil. Com propriedade, o autor apresenta que o medo da concorrência e a intenção de proteção das classes dos brancos pobres, fator que impede ainda mais a redução de sua pobreza, tem relação direta com o racismo. Daí ser possível invocar a questão da formação da subjetividade que constitui o sujeito racista, com as circunstâncias materiais e concretas de pobreza. Aparentemente, não há interesse ou não é vantajoso para o branco efetivar a igualdade do negro, porque quanto mais forem iguais, menos serão os espaços ocupados pelos brancos e, consequentemente, menores as oportunidades de exploração do negro.

O racismo colonial, bem tratado por Fenon (2020), tem como base a civilização europeia e isso se deu no Brasil e tem seus desdobramentos nos dias atuais, formando um inconsciente coletivo. A materialidade histórica da vida dos homens em sociedade, com destaque ao colonialismo e à escravização dos negros, deu causa a um inconsciente coletivo do racismo, em um conjunto de preconceitos, mitos, condutas coletivas de um determinado grupo, o que é cultural, um imperativo cultural. *"A inferiorização é o correlato nativo da superiorização europeia. Tenhamos a coragem de dizer: é o racista que cria o inferiorizado"* (Fanon, 2020, p. 107).

Nesse diapasão, tem-se que, no caso do Brasil, o branco trouxe o negro, forçou o trabalho sem remuneração e sob açoite, e o negro tornou-se dependente do branco, dentro daquelas condições de vigia, castigos físicos e até morte. Existiu uma desconstrução e construção psicológica, sociológica e da consciência coletiva, com a dependência e superioridade do branco.

Houve a desestruturação do negro na sua origem e a estruturação econômica injusta do Brasil, sem qualquer reparação, o que seria o mínimo, mas inaceitável pela consciência da sociedade europeia brasileira.

É possível um parêntese para escrever que a República Federativa do Brasil deve indenizar os afrodescendentes, além de efetivar o positivado na legislação brasileira, com destaque à Carta Política, para condição de vida capaz de atender às necessidades vitais básicas, moradia, alimentação, educação, saúde, lazer, vestuário, higiene, transporte, previdência social, o bem-estar, a dignidade, erradicar a pobreza e a marginalização com a igualdade real.

É possível subtrair da análise psicológica e relacionar com o racismo estrutural o fato de que o negro foi tirado à força do seu habitat, da sua cultura. Foi subtraído de forma abrupta de toda a sua originalidade, e ainda é obrigado a lutar para que o branco reconheça sua humanidade, desenvolvendo a cultura do favor do branco ao negro quando o branco reconhece a sua humanidade. Nisso tudo, nas relações de trabalho, o branco, como regra, está sempre em um complexo de autoridade, e o negro, de dependência.

Fenon (2020), ao tratar de um paciente negro em sua clínica médica, por questão do complexo de inferioridade, trabalha com a questão de que a relação do negro com o branco se deu em um complexo de inferioridade. Para ele, há no negro desejo de ser branco, porque vive em uma sociedade que impõe o complexo de inferioridade, por afirmar a superioridade de uma raça, onde o dilema é: branquear-se ou desaparecer. A sociedade produz a dificuldade diante da cor e, como saída do estado de inferioridade, o desejo é o de branqueamento, mas o referido autor deixa claro que a alteração das estruturas sociais será a saída da condição de subalternizado. *"Como psicanalista, devo ajudar meu cliente a conscientizar seu inconsciente, mas a agir no sentido de uma mudança das estruturas sociais"* (Fenon,2020, p. 114).

Entre o branquear ou desaparecer, a tomada de consciência de uma possibilidade de existir é apresentada por Fenon (2020), manifestando ao seu paciente a possibilidade de escolher a ação ou a passividade, frente à fonte conflitual, ou seja, as estruturas sociais. Com isso, é possível ponderar que a complexidade da questão transcende a subjetividade e está no modo de produção da sociedade, composta ou estruturada para a exclusão, com afeitos nefastos não apenas nas relações materiais, mas psicológicas.

O problema está posto no campo das relações sociais e materiais de vida, sendo que, diante do conflito e reivindicações do negro, surge a divisão racial da culpa, como classifica (Fenon, 2020). O o branco, incapaz de trabalhar com as pretensões, exonera-se de suas responsabilidades.

É nessa complexidade que os europeus, por meio do trabalho do negro escravizado, vieram ao Brasil objetivando seu próprio enriquecimento, atuando como comerciante, traficante, proprietários de terras, implantando o sentimento de inferioridade, o complexo de dependência. O mundo branco negava e nega a participação do negro.

A pertinente conjugação do dano psicológico com o dano material, pela imposição de inferioridade nas relações materiais do negro, impulsiona trazer ao pensamento que *"o problema do negro não se desfaz no problema dos negros vivendo entre os brancos, mas sim no problema dos negros sendo explorados, escravizados, desprezados por uma sociedade capitalista, colonialista, acidentalmente branca"* (Fenon, 2020, p. 212).

A relação humana tem como condição o reconhecimento entre os indivíduos e a exclusão do negro, pelo preconceito e pelo racismo, que se revela pela forma estrutural da sociedade, influencia o sentido da vida.

> O homem só é humano na medida em que busca se impor a outro homem, a fim de ser reconhecido por ele. Enquanto não for efetivamente reconhecido pelo outro, é esse outro que permanece o tema de sua ação. É desse outro, do reconhecimento por parte desse outro, que dependem seu valor e sua realidade humanos. É nesse outro que se condensa o sentido de sua vida.
>
> Não há luta aberta entre o branco e o negro.
>
> Um dia o senhor branco reconheceu *sem luta* o negro escravo.
>
> Mas o ex-escravo quer *ser reconhecido.*
>
> Na base da dialética hegeliana, há uma reciprocidade absoluta que é preciso evidenciar.
>
> Na medida em que ultrapasso do meu mal estar-aqui imediato, percebo o ser do outro como realidade natural e mais que natural.
>
> Se fecho o circuito, se torno irrealizável o movimento em duplo sentido, mantenho o outro no interior de si. No extremo, retiro dele até esse ser-para si (Fenon, 2020, p. 227).

O racismo estrutural massacra o ser humano negro, não permitindo a sua interação social de maneira ampla. Não há o reconhecimento recíproco e basta analisar as estatísticas do IBGE que apontam o nível de desemprego do negro no Brasil. A ausência do reconhecimento é uma oposição (Fenon, 2020).

Um parêntese para reflexão sobre o ocorrido antes e depois de 1888, no Brasil, pode ser feito a partir do apontamento de Fenon (2020, p. 230-231) de que o negro *"passou de um modo de vida para outro, mas não de uma vida para outra... de tempos em tempos, ele luta pela Liberdade e Justiça, no entanto e trata sempre de liberdade branca e de justiça branca, isto é, valores excretados pelos senhores"*.

Para o ser humano, a ausência de trabalho lhe subtrai a dignidade, a ausência de liberdade e a falta de liberdade corresponde à morte para a vida. O negro, na sua maioria, está posto a um mundo humano sem condições de vida digna.

Não basta a retórica, a oratória, o domínio da escrita, a razão capitalista para superar a negatividade do racismo. Para suplantar o racismo estrutural, possibilitando a emancipação do negro, será imprescindível a práxis para eliminar a exploração, a miséria e a fome. Ainda tem pertinência o que já escreveu Fenon a respeito do combate à exploração, à miséria e à fome.

> Não levamos a ingenuidade ao ponto de acreditar que os apelos à razão ou ao respeito pelo ser humano podem mudar a realidade. Para o negro que trabalha nos canaviais de Le Robert, só existe uma solução: a luta. E ele empreenderá e travará essa luta não seguindo uma análise marxista ou idealista, mas simplesmente porque só será capaz de conceber a sua existência sob a forma de um combate contra a exploração, a miséria e a fome (Fanon, 2020, p. 235).

Pesquisas que se pretendem voltar à condição material de vida do negro no Brasil, em termos de análise da literatura, deverão destacar os seguintes apontamentos de Fenon (2020, p. 241.242): *"a desgraça da pessoa de cor é ter sido escravizada"*, *"a desgraça e a desumanidade do branco consistem em ter matado o ser humano onde quer que fosse [...] eu, homem de cor, quero apenas uma coisa: que o instrumento jamais domine o homem"*. Ao final dessa, em sua fenomenal obra, arrematou: *"Ó meu corpo, faz sempre de mim um homem que questiona!"*.

A literatura materializa que a vida do negro em sociedade, cujo modo de ser está envolto pelo racismo estrutural, não separa a miséria, a exclusão do gozo de vida, a alienação do trauma crônico e do trauma complexo.

A questão psicológica cravada na vida do negro e no comportamento do branco é uma realidade que está no seio da vida social e submete o negro à própria passividade.

> Ao contrário, para participar desse mundo, o negro e o mulato se viram compelidos a se identificar com o *branqueamento* psicossocial e moral. Tiveram de sair de sua pele, simulando a condição humana-padrão do 'mundo dos brancos'.
>
> Essa situação constitui, em si mesma, uma terrível provação. Que equilíbrio podem ter o 'negro' e o 'mulato' se são expostos, por princípio e como condição de rotina, a formas de autoafirmação que são, ao mesmo tempo, formas de autonegação? No cume da ascensão social ou no fim de um longo processo de aperfeiçoamento constante, o indivíduo descobre que extrai o eu próprio valor, e o reconhecimento desse valor de outros, daquilo em que ele não é, decididamente, nem *negro* nem *mulato* — mas BRANCO! (Fernandes, 2007, p. 34).

No campo da atuação social, a pressão que o negro sofre o impede de se organizar para uma *práxis* de criação de normas jurídicas e de ter uma melhor condição de vida, notadamente porque é excluído dos espaços de poder.

Nesse diapasão, a ciência deve levar em conta a pesquisa sobre o racismo, como ele se estrutura e se revela, não podendo ignorar que a condição de vida criada, que é cultural, tem como fundamento o modelo de relação social capitalista, cuja consequência é a exclusão. Isso permite pesquisar de forma menos limitada a função do Direito do Trabalho, a sua constituição e o papel social dos que lidam com o Direito, que são os que estruturam as instituições jurídicas.

As primeiras letras no Curso de Direito do Trabalho alimentam os alunos de conteúdos a respeito das Fontes do Direito do Trabalho, sendo uma delas a Fonte Material do Direito do Trabalho, que se conceitua como os fatos históricos, políticos, econômicos, sociais, filosóficos, que dão causa ao Direito do Trabalho, do qual surge a Fonte Formal do Direito do Trabalho, que se divide em fontes heterônomas e autônomas, sendo aquelas impostas por um terceiro da relação jurídica de emprego e estas as constituídas pelas próprias partes. Todo acontecimento social que impõe ao Estado aplicar o Direito do Trabalho, o faz aplicar uma norma geral e abstrata que teve como fundamento as questões materiais que deram origem à norma e seria simplista demais apostar na neutralidade da norma do intérprete. Não que isso signifique parcialidade.

Capítulo 7

Racismo Estrutural e Uma Perspectiva Histórico Crítica

Para a inclusão social e efetivação da cidadania e da democracia, são necessárias investigação e revelação da realidade social. A pesquisa social crítica revela que o modelo de sociedade capitalista, pautado na abstração jurídica, na técnica jurídica, com sustentáculo no Estado e no direito, esconde e reproduz pobreza e exclusão social.

Tentar compreender o racismo estrutural nessa perspectiva é importante para a intervenção ou tentativa de intervenção do jurista na construção de normas jurídicas e de atuações práticas para efetivação da "real" igualdade. A norma jurídica é fruto das relações e construções sociais, na materialidade das relações sociais e, se não for refletida à luz da realidade o pensamento do jurista, será claudicante. Não é lógico e nem razoável pensar o direito sem levar em conta a configuração do Estado, do povo e da classe.

É deficiente a compreensão do racismo estrutural e da função do Direito do Trabalho se não for considerado o fato posto por Oliveira (2021) de que a raça é um elemento fundamental para entender a formação das classes sociais, a manutenção da desigualdade social e a divisão do trabalho, principalmente porque a relação raça, gênero e classe fica encoberta.

O pensamento do direito na perspectiva proposta por Oliveira (2021) motiva refletir sobre a necessidade ou não de quebrar a espinha dorsal que vem fundando a economia, a educação e a cultura brasileira, que edificou e mantém o racismo estrutural, já que, somado a outros tantos escritos referenciados neste texto, dita que o direito que temos é fruto de uma economia que está liberal demais, o mesmo liberalismo dos navios negreiros, dos que jamais cedeu ou cederá às riquezas ou dividiu ou dividirá o que tem com os outros, pelo contrário, subtrairá para o acúmulo de riqueza, próprio do atual modelo de gestão da sociedade. Soma-se a isso o fato de que a classe social média no Brasil tem tanto pavor de se igualar à classe pobre, à classe negra no Brasil, que ela se vende de todas as maneiras para manter a atual condição de vida própria e social. E é esse o pensamento dos que estão no Estado, das classes reinantes, que produzem e aplicam a norma jurídica como regra.

O racismo estrutural e o Direito do Trabalho no Brasil precisam ser pensados no contexto de um país de economia periférica, com múltiplas contradições, crises constantes, interligadas às questões globais e locais, internacionais e nacionais, seguindo o ditado do mercado internacional, estando inserido nessa turbulência o direito e o pensamento jurídico, apresentando o direito características do próprio capital, atendendo interesses do capital, da economia global, para a preservação do sistema. Aliás, a formação jurídica está inserida nesse quadrante.

Em outras escritas, o direito está para a exploração, modo característico do modelo de sociedade que o produz, o capitalista. Ademais, impossível ser diferente, legitimando opressões com o mando da legalidade. É nessa legalidade que convive a pobreza, a precariedade, a superexploração do trabalho, com a ausência de gozo da vida da classe trabalhadora, encontrando no racismo o seu instrumento alimentador.

A pesquisa do fato social, Fonte Material do Direito do Trabalho, outorga a possibilidade de escrever que o presente tenta ocultar o passado, em uma tentativa de criação de uma história para apagar a história, e também autoriza grafar que o Direito é a ferramenta produzida e pelos detentores do poder econômico para possibilitar a manutenção da desigualdade social. Oliveira (2021) apresenta a esfera pública como sendo a ação direta do capital, a organizadora estruturante do capital, aqui é considerada possível somente porque a técnica jurídica é o instrumento para tanto. Glamouriza-se o direito, o jurista e as instituições jurídicas e nega-se a realização do direito para a maioria do povo.

O ato científico de conexão da pesquisa e pensamento de Ribeiro (2019.a) com o de Oliveira (2021) expõe a ausência do negro nos espaços institucionais, e, quando há a presença, ela se dá com uma ocupação limitada, na dimensão individual e competitiva, como forma de legitimar a ideologia dominante do branco e a opressão social do capital e do Estado com ocupação e pensamento branco. Daí a importância da perspectiva estrutural das relações raciais, porque não tem lógica um Estado branco numa sociedade de maioria negra. Algo não confere, já que a edificação do Brasil só foi possível através do trabalhador negro, com a racialização, como referencia Oliveira (2021). Os países desenvolvidos que constituem o mercado mundial, o capitalismo global, tem como dependentes os países cuja maioria não é branca.

> A construção da classe trabalhadora no Brasil se deu pela *racialização,* isto é, foi com base na constituição de um padrão classificatório racial feito durante a colonização que se estabeleceu quem trabalhava (negro) e não trabalhava (branco). E a divisão internacional do trabalho no qual se baseia o mercado mundial e constitui a totalidade do capitalismo global também é racializado – as nações do capitalismo dependente são de população não branca e o capitalismo central, brancos (Oliveira, 2021, p. 17).

Síntese do pensamento de Oliveira (2021) é possível da seguinte forma: o capitalismo criou o racismo e no capitalismo é impossível extinguir o racismo. Ir além admite levar em consideração o argumento de que, se o direito advém e está para o capitalismo, pelo direito é impossível extinguir o racismo. Referido pensador lembra do elevado número de negros vítimas da pandemia do coronavírus, impossibilitados do isolamento social pela necessidade do trabalho. O que esperar de quem descende das senzalas, sem qualquer política de reparação ou de inclusão social, como bem lembra Alonso (2015)?

O racismo se instaura na realidade das relações econômicas e sociais do Brasil, cuja análise da totalidade histórico-social concreta revela que o racismo se configura e se mantém com a escravização do negro para o trabalho — que era e continua sendo a técnica legitimadora da atuação da classe branca que dominava e domina.

Ao apresentar estudo sobre a juventude negra brasileira e a questão do desemprego, Gonzalez (2020), de forma muito clara, escreveu:

> A colocação básica que temos que fazer, para bem interligar nosso tema, é a de que o capitalismo industrial monopolista impede o crescimento equilibrado das forças produtivas em regiões subdesenvolvidas. Queremos falar da problemática do desenvolvimento desigual e combinado. Nesse sentido, o Brasil não deixa de ser uma espécie de modelo, uma vez que sua dependência econômica neocolonial — exportação de alimentos e de matéria-prima para as metrópoles do capitalismo internacional — juntamente com a permanência de formas produtivas anteriores e a formação de uma massa marginal caracterizam essa problemática (Gonzales, 2020, p. 45).

O racismo estrutural se compõe com a colonização portuguesa no Brasil e hierarquias do branco sobre o negro, pelo escravismo, legitimado social, cultural e juridicamente, sendo o negro o produto de uma estrutura sócio-histórica, que produziu e reproduz o racismo, impedindo, pela lógica do capital, a emancipação do negro. O racismo é da própria estrutura social capitalista, é componente das relações sociais a impor desvantagens ao negro pelo fato de ser negro.

A compreensão do racismo na estrutura da sociedade capitalista não pode dispensar a sociedade de classes e o racismo está inserido nesse processo contraditório.

> Silvio Almeida alerta em sua obra que, embora existam níveis de compreensão e expressão do racismo na perspectiva individual/comportamental e institucional (neste tópico o autor faz uma referência importante à contribuição dos intelectuais do *Black Panthers Party*), a dimensão da estrutura é que torna possível a manifestação individual/comportamental e institucional do racismo. Desse modo, não se trata de uma 'classificação' do racismo se ele é individual/comportamental, institucional ou estrutural, mas níveis de interpretação e formas de enfrentamento. Uma compreensão do racismo meramente

> como atitude individual/comportamental pode levar à ilusão de que processos educativos ou mesmos mecanismos dissuasórios por meio de normas punitivas seria o suficiente. Ou mesmo a compreensão institucional segundo a qual a mera reforma das instituições, com a presença maior de negras e negros nos aparatos institucionais, seria suficiente para debater o racismo. Sem deixar de considerar a importância dessas ações, estas são limitadas se desconsiderar o caráter *estrutural* do racismo, isto é, que ele normaliza determinadas tipologias de relações e que estas são aderentes à sociedade de classes (Oliveira, 2021, p. 61).

O grande desafio do jurista está na compreensão de que o racismo que impede o acesso do negro a condições dignas de trabalho e remuneração é o racismo que transcende o racismo individual/comportamental e o institucional, é o racismo estrutural, concebido *"como produto de uma estrutura sócio-histórica de produção e reprodução de riquezas. Portanto, é na base material das sociedades que se devem buscar os fundamentos do racismo estrutural"* (Oliveira, 2021, p. 65).

O racismo estrutural desafia analise pela perspectiva histórico-crítica, não sendo diferente o posicionamento de Oliveira (2021), que reflexiona que o racismo não tem sua origem no capitalismo, mas a sua atual forma de manifestação tem como base o capitalismo porque *"o sistema-mundo no capitalismo se organiza, então, a partir de hierarquizações construídas a partir da raça como categoria central..."* (Oliveira, 2021, p. 67). O eurocentrismo consolida o racismo, notadamente no século XVI e, a propósito, a dispensada reprodução da história do escravismo no Brasil, com o apagamento da importância do trabalho do negro, reflete diretamente na definição dos papéis na estrutura de poder.

Essa compreensão não pode ser ignorada porque a raça é fator preponderante na vida do ser humano, o que está muito evidente na condição material de vida da maioria do povo negro. *"O fato de a categoria raça se consolidar com a conquista da América, como uma classificação construída para legitimar a colonização demonstra a sua função ideológica: legitimar e naturalizar relações de exploração"* (Oliveira, 2021, p. 68).

O trabalho do negro escravizado no Brasil colônia constituiu as hierarquias das ocupações no sistema produtivo. O desenvolvimento econômico do modelo colonial vai dando espaço para o modo de produção capitalista, moldando o capitalismo nacional dependente do internacional, que se serve da superexploração do trabalhador e reserva a massa de desempregados à disposição para qualquer chamamento, para qualquer tipo de trabalho. As relações de trabalho foram naturalizadas e legitimadas com a exploração ou exclusão do negro, a gerar riqueza para o branco e a consolidar as classes sociais e o racismo.

A emancipação das antigas colônias não foi uma ruptura com a ordem do sistema-mundo, mas apenas um reposicionamento. O capitalismo que se cristalizava manteve as hierarquias globais. Isso porque a principal função do racismo é estabelecer as hierarquias de ocupação nos sistemas produtivos, sejam eles do modo de produção escravista colonial ou assalariado. E, em termos mais gerais, isso significa acessos diferenciados à riqueza (Oliveira, 2021, p. 69).

É nesse contexto que o racismo estabelece hierarquias no sistema produtivo colonial, com o trabalho forçado sem remuneração, que altera o sistema capitalista, de trabalho remunerado, preferencialmente dos imigrantes, excluindo os negros da cadeia produtiva ou impondo trabalho superexplorado. O conceito de raça e racismo está imbricado com o domínio de pessoas brancas sobre pessoas não brancas, em virtude da imposição do trabalho forçado sem remuneração, em um colonialismo de imposição de europeus com o eurocentrismo, nas relações materiais e ideológicas de senhores e escravos, dominantes e dominados, superioridade e inferioridade. Constitui-se e universaliza a classificação social e as oportunidades a partir da raça.

Por isso, dentro da categorização de raça e de classe não é possível equipará-las, porque o negro estava e está em desvantagem ao branco nas ocupações de postos de trabalho, como estava e está no acesso à educação, principalmente educação superior, cuja condição material de vida fica inferiorizada, e na subjetividade dos indivíduos, uma vez que o preconceito racial e a prática do racismo inviabilizam ou dificultam a emancipação do negro e atuação no trabalho a permitir o gozo da vida.

Embora o pensamento é no sentido de que não é possível equiparar raça e classe, o sincretismo da realidade material da vida impõe não ignorar o fato de que há uma coexistência entre raça e classe, uma efetiva divisão que as interseccionam em contextos históricos, nas relações concretas das diferentes dimensões da vida social, que não são separadas. *"[...], não há como falar em classe sem falar em raça e nem tampouco conceituar raça à parte de classe. Esse é um dos fundamentos de uma perspectiva histórico-crítica do racismo estrutural"* (Oliveira, 2021, p. 70).

O processo de hermenêutica jurídica não pode dispensar o fato de que o padrão colonial do poder estabelece o sistema global de organização do trabalho e, por isso, *"todos os indicadores sociais que tratam de negros e indígenas, o que se percebe é a inserção precária no mercado de trabalho"* (Oliveira, 2021, p. 72).

O processo hermenêutico tem que levar em conta o fato de que a racionalidade jurídica se funda na igualdade e liberdade, e a igualdade e a liberdade estão longe de guardar relação com a realidade. A premissa sustentada na literatura pesquisada permite considerar que a sociedade brasileira carece de práticas sociais, atuações políticas e de sistema normativo para a solução do problema causado pelo racismo.

A racionalidade não leva em conta a realidade, que não se pauta no todo, sendo que *"a racionalidade moderna no sentido imposto pelo eurocentrismo não é universal. Ela é branca, eurocêntrica, racista, opressora"* (Oliveira, 2021, p. 82). Mantendo o raciocínio pautado nesse pensamento e em outras pesquisas já realizadas, reflete-se que foi criado um sistema que constitui e mantém instituições que permitem a exploração das raças e das classes, sustentando um modo de produção de riqueza fundamentado nessa exploração (Barros, 2015).

Logo, as estruturas contemporâneas decorrentes do colonialismo e sustentadas pelo eurocentrismo, nos quadrantes de uma democracia que não guarda relação com a realidade, mantém o racismo, com algumas concessões para manter a própria estrutura e conter as tensões sociais.

Os países centrais do capitalismo e os centros tecnológicos são de maioria branca e os que estão na base da cadeia produtiva são os negros e indígenas. Isso inviabiliza a emancipação desses, como pontua Oliveira (2021).

O acesso ao conhecimento está com predominância para o branco, restando ao negro o trabalho, o trabalho bruto, braçal, precarizado, e o sistema da ciência e tecnologia não são empregados, como regra, para a emancipação do povo, muito menos para o negro. A mudança no sistema de trabalho exige mais conhecimento tecnológico, cria o desemprego e, pela ausência de oportunidade de formação tecnológica e científica, o negro tem com a sua exclusão no mercado de trabalho potencializada.

O sistema é de exclusão do negro e não é demais repetir que o modelo forjado na escravidão, um modelo não democrático, é alterado sem incluir o negro na vida em sociedade para a plena cidadania, sem efetivação da igualdade material, tão preconizada na Constituição da República Federativa do Brasil de 1988.

> A matriz colonial de poder, chamada por Mignolo como 'o lado obscuro da modernidade' se expressa neste momento do capitalismo informacional a partir dessa divisão racial do trabalho na rede global produtiva, brancos controlando os processos tecnológicos de produção e distribuição, e não brancos ocupando as formas de trabalho mais degradantes subordinados a esse circuito. A colonialidade transpassa, inclusive, os mecanismos regulatórios no âmbito dos Estados nacionais. O capital vai impondo determinado padrão organizativo da produção e parcela da sociedade que vai colonizando as formas de sociabilidade. É esse processo que chamei, em outro texto, de 'ação direta do capital' (Oliveira, 2021, p. 118).

Diante disso, o espírito de proteção e o de emancipação do trabalhador para a dignidade da pessoa humana, no corpo das normas constitucionais e trabalhistas infraconstitucionais, deixam de ser efetivados com a flexibilização das normas trabalhistas e ignorados com relação ao trabalhador negro que carece de norma e prática de proteção para a melhoria da condição material e espiritual de vida.

A hermenêutica jurídica, se quiser ser fiel à ciência, precisa levar em conta essa realidade, sob pena de deixar de atuar em harmonia com a ciência e ignorar a realidade. Os interesses privados dos grupos dominantes estão embutidos nas normas jurídicas, e a formação e a interpretação jurídica devem questionar como lidar com essa realidade para efetivar a equidade para pôr fim ao racismo estrutural, em atendimento à Carta Política de 1988.

A interpretação jurídica dentro da democracia precisa ser democrática, porque no âmbito da política o negro está excluído. Os arranjos nas instituições democráticas liberais não são contemplados pela normatização das relações de trabalho. As atuações sindicais não tem pauta para os negros. Ademais, a ideia de diversidade não altera o real e não se pode cair na armadilha da tolerância à diferença, porque o racismo potencializa a desigualdade. Isso é concreto, é real. A ideia de diversidade, de tolerância, não altera o real, uma vez que os conflitos sociais, a ausência de emprego e a superexploração são reais e o que é preciso é ação no campo da realidade, do concreto, para a emancipação, já que a igualdade está velada.

A questão da raça como categoria mental da modernidade organiza o trabalho, estabelece lugares subalternos dentro da esfera pública e privada, expurgando o negro da atuação política e econômica. Pesquisa aponta para a existência do capitalismo brasileiro dependente, com a ausência de formação de uma acumulação de riqueza interna a possibilitar um projeto nacional de burguesia, a burguesia autóctone, por conta do sistema escravista, que inviabilizou a acumulação interna de riqueza pela transferência dos recursos para fora do País (Oliveira, 2021). Em síntese, temos uma burguesia nacional dependente, subordinada à burguesia internacional.

> Os países dependentes são aqueles cujas populações são, na sua maioria, não brancas e, internamente, a superexploração do trabalho, que em última instância é o aviltamento da vida do trabalhador, ocorre prioritariamente, junto a trabalhadores negros e negras (Oliveira, 2021, p. 193).

No contexto do capitalismo mundial, o Brasil está na condição de dependente e se submete a um processo não igual de intercâmbio. Surge a superexploração do trabalho como instrumento de compensação da desigualdade do intercâmbio e a remuneração da força de trabalho é aquém do mínimo necessário, com exploração sustentada política e ideologicamente (Oliveira, 2021). O Direito está na sustentação desse modelo de produção que alicerça o racismo estrutural e, por óbvio, a desigualdade.

> As relações de classe no capitalismo necessitam da igualdade jurídica, pois são estabelecidas a partir das pactuações contratuais. O trabalhador, teoricamente, é 'livre' para vender a sua força de trabalho. Nesse aspecto, não há a objetivação que é a base do escravismo colonial. A igualdade jurídica é condição sine qua non para esse modelo de relações de classes.
>
> Por que, então, essa igualdade jurídica, essa condição de cidadania continuou sendo negada à população negra no capitalismo? Quais são as articulações do contrato racial de Mills e da matriz colonial de poder com o capitalismo dependente? (Oliveira, 2021, p. 176).

Oliveira (2021) bem salienta o excedente de mão de obra dos negros libertos, com reflexo direto para rebaixar o valor da força de trabalho, que formaram a mão de obra para trabalhos não qualificados.

> Essa massa de trabalhadores e trabalhadoras negras formava um estoque de mão de obra responsável na execução de determinados serviços não qualificados — como trabalho doméstico, babás, serviços de limpeza — desobrigando investimentos públicos e privados de maior monta para garantir os suportes necessários para a própria produção capitalista (Oliveira, 2021, p. 176).

A visão de Oliveira (2021) é muito clara na compreensão da limitação ou impossibilidade de transpassar o racismo por meio de maior presença nos aparatos tecnoburocráticos públicos e privados, que se destinam à subsistência da ordem capitalista. O racismo deve ser considerado dentro de uma estrutura de classe capitalista na qual o Estado é integrante, não havendo autonomia e nem neutralidade no Estado, não estando ele acima dos conflitos de classe. Os integrantes do Estado, por vezes, acreditam estar além dos conflitos de classes, o que é uma utopia.

> Em vários momentos, por exemplo, os membros dessa categoria social, ao acreditar desempenhar um papel acima dos conflitos de classe, podem desempenhar um papel de gestão dos aparatos do Estado a favor das classes efetivamente dominantes e, em determinados momentos, que contrariem inclusive as suas origens (Oliveira, p. 2021, p. 186).

A análise firmada na realidade deve permitir visão astuta a compreender que as permissões de ingresso do negro em alguns espaços de poder ocorrem para a manutenção da própria estrutura na lógica da "concessão do anel para a manutenção do dedo". Seria uma impropriedade intelectual não consignar que a escassa ocupação de negras e negros nas burocracias estatais e privadas pode maquiar uma normalidade, sustentar o argumento da meritocracia e manter o racismo estrutural.

Na perspectiva histórico-crítica, o racismo está num emaranhado onde um sistema forjado na imposição e exploração do trabalho forçado e sem remuneração do negro, para produção de riqueza e condições materiais de vida do colonizador europeu, branco, sedimentou-se e se metamorfoseou para o modelo de acumulação de riqueza do capitalismo dependente, que conduz e mantém a maioria dos negros destinados à exclusão, à miséria, à superexploração, à ausência do gozo pleno da vida, à ausência de condições materiais de existência ampla, com um aparato ideológico e normativo e, por corolário, do Estado e seus agentes que o mantém.

> A universalização do trabalho livre não beneficiou o 'negro' e o 'mulato' submersos na economia de subsistência (o que, aliás, também aconteceu com os 'brancos' que fizeram parte desse setor); mas, nas condições em que se afetou, em regra prejudicou o 'negro' e o 'mulato' que faziam parte do sistema de ocupações assalariadas, mais ou menos vitimados na competição com o emigrante. O resultado foi que, três ou quatro séculos após a Abolição, ainda são poucos numerosos os seguimentos da

> 'população de cor' que conseguiram integrar, efetivamente, na sociedade competitiva e nas classes sociais que a compõem.
>
> [...]
>
> As oportunidades surgidas foram aproveitadas pelos grupos melhor localizados da 'raça dominante', que contribuiu para aumentar a concentração racial da renda, do poder e do prestígio social em benefício do *branco*" (Fernandes, 2007, p. 46).

O pensamento contemporâneo deve considerar que as relações materiais de vida e de produção não se limitam na questão dos que detém os meios de produção e dos que não os detém, mas alcança a questão racial, já que no sistema de exploração do modelo capitalista o negro passa a ser um subproduto em relação ao branco. É, portanto, outra exploração.

O negro que sai do trabalho forçado e o trabalho do branco imigrante continua a mantê-lo na marginalidade, como regra.

Capítulo 8

O Direito do Trabalho e o Pensamento Científico

Partindo da concepção de que fazer ciência pressupõe questionamento e análise criteriosa para a busca de informações verdadeiras sobre o que existe, existiu ou existirá, com comprovações e sistematizações, e, tendo como pressuposto a existência do racismo estrutural, a investigação para os enunciados científicos que se propõe deve buscar o que deseja o constituinte e o legislador infraconstitucional, no que se refere à igualdade real e à efetivação do preceito constitucional e infraconstitucional para a equidade é inegável.

No campo da investigação científica, tem-se a prova do racismo estrutural no Brasil, a prova do desejo constitucional e infraconstitucional para a igualdade real e para a inexistência de racismo, como consequência lógica. Além da prova da ausência de efetivação dos preceitos constitucionais, a prova da necessidade de mecanismos sociais e jurídicos para a efetivação do sistema normativo, com efetuação dos já mencionados preceitos postos na Constituição da República Federativa do Brasil, nos seus princípios fundamentais, seus objetivos fundamentais, a realizar a cidadania, a dignidade da pessoa humana, os valores sociais do trabalho, a constituição de uma sociedade livre, justa e solidária, a erradicação da pobreza, da marginalização, a redução das desigualdades sociais e regionais, promover o bem de todos, sem preconceitos de sexo, dentre outros, com a prevalência dos direitos humanos, com a execução do princípio da igualdade, para a igualdade real. Inclui a consumação dos direitos sociais ao trabalho, à previdência social, à proteção à maternidade e à infância, à assistência aos desamparados, aos direitos dos trabalhadores urbanos e rurais, além de outros que visem à melhoria de sua condição social, com a proibição de diferença de salários, de exercício de funções e de critério de admissão por motivo de cor, dentre outros, a incluir os princípios gerais da atividade econômica, que alcança a valorização do trabalho humano, assegurando a todos a existência digna, conforme os ditames da justiça social, com a redução das desigualdades regionais e sociais e a possibilidade da busca do pleno emprego do trabalhador negro, gravados nos arts. 1º, 3º, 4º, 5º, 6º, 7º e 170, da Constituição da República Federativa do Brasil, sem desprezar outras normas no plano infraconstitucional e tratados internacionais, que reafirmam esses direitos, notadamente quanto ao negro.

A realidade permite indagar o motivo da não efetivação dos dispositivos normativos e essa pergunta leva ao seguinte questionamento: quem aplica ou não aplica e quem exige a aplicação desses preceitos normativos, bem como a forma como o jurista e o aplicador do direito interpretam a realidade e a norma jurídica? A realidade fática é a da existência do racismo estrutural, da não incidência da norma jurídica e a de interpretação pela não incidência, que veta o efetivo trabalho do negro, com a sua exclusão no mercado de trabalho ou ausência de progressão no mercado de trabalho.

A busca de compreensão da realidade e da ineficiência da aplicação do direito quanto ao racismo estrutural impõe se voltar para a norma jurídica e o modelo de comportamento social obrigatório que se deseja, porque a norma jurídica está para a sua aplicação como modelo de comportamento obrigatório da sociedade (Ferraz Jr., 2010) e, quando esse comportamento obrigatório não é observado, depara-se com a anormalidade e se exige correção.

Essa reflexão é cabível no campo do Direito do Trabalho porque, como muito bem escreveu Maranhão: "*O que se dá é que o Direito do Trabalho, 'por seu conteúdo humano obriga o jurista a ir além das discussões formais e a ver, por detrás dos argumentos jurídicos, a luta dos homens'*" (Maranhão, 1977, p. 31).

Análise e aplicação do Direito do Trabalho impõem que a cognição jurídica se volte ao conceito de direitos sociais e, se esse raciocínio não acontecer, haverá deficiência no entendimento e aplicação desse ramo do direito.

> Direitos sociais são direitos fundamentais do homem, caracterizando-se como verdadeiras *liberdades positivas*, de observância obrigatória em um Estado Social de Direito, tendo por finalidade a melhoria de condições de vida aos hipossuficientes,

> visando à concretização da igualdade social, e são consagrados como fundamentos do Estado democrático, pelo art. 1º, IV, da Constituição Federal.
>
> [...]
>
> Os direitos sociais previstos constitucionalmente são normas de ordem pública, com a característica de imperativas, invioláveis, portanto, pela vontade das partes contraentes da relação trabalhista.
>
> [...]
>
> A definição dos direitos sociais no título constitucional destinado aos direitos e garantias fundamentais acarreta duas consequências imediatas: subordinação à regra da autoaplicabilidade prevista, no § 1º, do art. 5º e suscetibilidade do ajuizamento do mandado de injunção, sempre que houver a omissão do poder público na regulamentação de alguma norma que preveja um direito social e, consequentemente, inviabilize seu exercício.
>
> A Constituição de 1988, portanto, consagrou diversas regras garantidoras da *socialidade* e *corresponsabilidade*, entre as pessoas, os diversos grupos e camadas socioeconômicas.
>
> [...]
>
> Os direitos sociais enumerados *exemplificativamente* no Capítulo II do Título II do texto constitucional não esgotam os direitos fundamentais constitucionais dos trabalhadores, que se encontram também difusamente previstos na própria Constituição Federal (Moraes, 2021, p. 233-234).

Pensar cientificamente o Direito do Trabalho e o racismo estrutural impõe a busca do posicionamento jurídico a respeito dos fundamentos da República Federativa do Brasil. A Carta Política brasileira, assim grafa:

> Art. 1º A República Federativa do Brasil, formada pela união indissolúvel dos Estados e Municípios e do Distrito Federal, constitui-se em Estado Democrático de Direito e tem como fundamentos:
>
> [...]

> II – a cidadania;
>
> III – a dignidade da pessoa humana;
>
> IV – os valores sociais do trabalho e da livre iniciativa;

A cidadania, compreendida como a condição de pertencimento de uma pessoa à sua sociedade, à sua comunidade, ao seu país, com a garantia do exercício dos direitos e deveres civis, políticos e sociais estabelecidos na Constituição do seu país, só pode ser assegurada se o cidadão efetivamente estiver inserido na sociedade com condições materiais e intelectuais para tanto, sendo o trabalho elemento essencial para a vida e o exercício da cidadania.

Quanto à dignidade da pessoa humana, é adequado transportar o conceito de Moraes (2021), que a tem como essência, uma vez que proporciona a unidade aos direitos e garantias fundamentais, intrínseco às personalidades humanas.

> [...] *dignidade da pessoa humana*: concede unidade aos direitos e garantias fundamentais, sendo inerente às personalidades humanas. Esse fundamento afasta a ideia de predomínio das concepções transpessoalistas de Estado e Nação, em detrimento da liberdade individual. A dignidade é um valor espiritual e moral inerente à pessoa, que se manifesta singularmente na autodeterminação consciente e responsável da própria vida e que traz consigo a pretensão ao respeito por parte das demais pessoas, constituindo-se um mínimo invulnerável que todo estatuto jurídico deve assegurar, de modo que, somente excepcionalmente, possam ser feitas limitações ao exercício dos direitos fundamentais, mas sempre sem *menosprezar a necessária estima que merecem todas as pessoas enquanto seres humanos* e a busca ao Direito à Felicidade (Moraes, 2021, p. 18).

A dignidade da pessoa humana compreende a estima e o direito à felicidade e, sem trabalho digno, é impossível a efetivação do fundamento do Estado Democrático de Direito.

Em respeito ao Princípio da Dignidade da pessoa humana e no intuito de combater a exploração de trabalho escravo,

> foi editada a Emenda Constitucional n. 81, de 5 de junho de 2014, prevendo a expropriação do imóvel como punição.
>
> Dessa forma, as propriedades rurais e urbanas de qualquer região do País onde for localizada a exploração de trabalho escravo na forma da lei serão expropriadas e destinadas à reforma agrária e a programas de habitação popular, sem qualquer indenização ao proprietário e sem prejuízo de outras sanções previstas em lei.
>
> Observe-se, ainda, que todo e qualquer bem de valor econômico apreendido em decorrência da exploração de trabalho escravo será confiscado e reverterá a fundo especial com destinação específica, na forma da lei (Moraes, 2021, p. 19).

A Constituição Federal, em atenção aos fundamentos da República Federativa do Brasil, grava a relevância do trabalho e isso reforça o repúdio ao trabalho escravo, ao trabalho precarizado e à ausência de trabalho.

> *Valores sociais do trabalho e da livre-iniciativa*: é através do trabalho que o homem garante sua subsistência e o crescimento do país, prevendo a Constituição, em diversas passagens, a liberdade, o respeito e a dignidade ao trabalhador (por exemplo: CF, arts. 5º, XIII; 6º; 7º; 8º; 194-204). Como salienta Paolo Barile, a garantia de proteção ao trabalho não engloba somente o trabalhador subordinado, mas também aquele autônomo e o empregador, enquanto empreendedor do crescimento do país (Moraes, 2021, p. 19).

O pensamento jurídico acima transcrito contempla com muita clareza e cientificidade a relevância do trabalho e motiva escrever a relevância do Direito do Trabalho para a evolução do Brasil. Se o racismo estrutural exclui do mercado de trabalho ou precariza o trabalho do negro, o pensar o Direito do Trabalho com fundamento na norma jurídica já existente impõe levar em conta a interpretação do jurista no sentido de que só pelo trabalho digno estará garantida a subsistência do ser humano e o crescimento do Brasil, efetivando a liberdade, o respeito e a dignidade ao trabalhador.

A Constituição Federal de 1988 prevê que:

> Art. 3º Constituem objetivos fundamentais da República Federativa do Brasil:
>
> I – construir uma sociedade livre, justa e solidária;
>
> II – garantir o desenvolvimento nacional;
>
> III – erradicar a pobreza e a marginalização e reduzir as desigualdades sociais e regionais;
>
> IV – promover o bem de todos, sem preconceitos de origem, raça, sexo, cor, idade e quaisquer outras formas de discriminação.

A interpretação jurídica e a aplicação da norma jurídica aos casos concretos, no Estado Democrático de Direito, devem guardar fiel correspondência com os objetivos fundamentais da República Federativa do Brasil, posto no artigo acima transcrito.

> Ao legislador ordinário e ao intérprete, em especial às autoridades públicas dos poderes Executivo, Legislativo, Judiciário e da Instituição do Ministério Público, esses objetivos fundamentais deverão servir como vetores de interpretação, seja na edição de leis ou atos normativos, seja em suas aplicações (Moraes, 2021, p. 20).

A construção de uma sociedade livre, justa e solidária, a garantia do desenvolvimento do Brasil, a eliminação da pobreza, da marginalização, a redução das desigualdades sociais e regionais e a promoção do bem de todos, sem preconceitos de origem, raça, sexo, cor, idade e quaisquer outras formas de discriminação, deve ter como sustentação a igualdade real, a equidade e, além de política legislativa e de administração, a decisão jurídica deve estar alicerçada pelo princípio da igualdade real.

> Logicamente, o rol de objetivos do art. 3º não é taxativo, tratando-se somente da previsão de algumas finalidades primordiais a serem perseguidas pela República Federativa do Brasil. Os poderes públicos devem buscar os meios e instrumentos para promover condições de igualdade real e efetiva e não somente

> contentar-se com a igualdade formal, em respeito a um dos objetivos fundamentais da República: construção de uma sociedade justa.
>
> Para adoção desse preceito, deve existir uma política legislativa e administrativa que não pode contentar-se com a pura igualdade legal, adotando normas especiais tendentes a corrigir os efeitos díspares ocasionados pelo tratamento igual dos desiguais, buscando a concretização da igualdade social. Nesse sentido, o Brasil é signatário da Convenção sobre os Direitos das Pessoas com Deficiência, comprometendo-se a realizar as alterações legislativas e a efetivar as políticas públicas necessárias para, conforme salientou o Supremo Tribunal Federal, "inserir os portadores de necessidades especiais na sociedade e objetiva a igualdade de oportunidades e a humanização das relações sociais, em cumprimento aos fundamentos da República de cidadania e dignidade da pessoa humana, o que se concretiza pela definição de meios para que eles sejam alcançados (Moraes, 2021, p. 21).

A leitura dos dispositivos normativos acima apresentados demonstram que a ordem jurídica só é possível se o todo for contemplado e a contemplação do todo impõe a efetividade dos direitos sociais:

> Observe-se que, para garantir maior efetividade aos direitos sociais, a Emenda Constitucional n. 31, de 14 de dezembro de 2000,atenta a um dos objetivos fundamentais da República — *erradicar a pobreza e a marginalização e reduzir as desigualdades sociais e regionais* —, criou o Fundo de Combate e Erradicação da Pobreza, instituído no âmbito do Poder Executivo Federal, para vigorar até 2010, e tendo por objetivo viabilizar a todos os brasileiros acesso a níveis dignos de subsistência, devendo a aplicação de seus recursos direcionar-se às ações suplementares de nutrição, habitação, educação, saúde, reforço de renda familiar e outros programas de relevante interesse social voltados para melhoria da qualidade de vida (Moraes, 2021, p. 235).

A contemplação do todo impõe a efetividade dos direitos sociais, que abrange o Direito do Trabalho. O trabalho do negro é afetado pelo racismo estrutural que o impede de usufruir dos direitos sociais.

O rol de objetivos do art. 3º da Constituição Federal não é taxativo, sendo previsão de algumas finalidades primordiais a serem perseguidas pela República Federativa do Brasil. Os poderes públicos devem buscar os meios e instrumentos para promover condições de igualdade real e efetiva, não sendo admissível contentar-se com a igualdade formal (Moraes, 2021).

O Direito do Trabalho não pode sucumbir, em pleno século XXI, aos ideais de igualdade e liberdade, interpretados pelas lentes do individualismo do século XIX. O Direito do Trabalho, no século XXI, deve atuar com os ideais da solidariedade e fraternidade, em proteção da classe que vive do trabalho, para o justo equilíbrio das relações, em ebulição para tutelar novas relações de trabalho e em potestade para disciplinar novas regras de contratação, a fim de inserir no mercado de trabalho os negros.

O pensamento jurídico não pode ser caótico e não considerar que o desenvolvimento econômico brasileiro se deu com o privilégio do branco no mercado de trabalho, não existindo igualdade entre o branco e o negro.

Fernandes (2007) tratou muito bem dessa questão em pesquisa desenvolvida para a UNESCO na qual aponta que a modernização brasileira não se processou de forma igualmente homogênea em todas as esferas da vida social, com destaque para o desenvolvimento econômico moldado pelo capitalismo, que beneficiou o que ele denomina de "raça dominante", a branca, que ocupava posições de destaque e influência dentro da estrutura de poder econômico e político. Os brancos, além de detentores dos meios de produção, proprietários de terras, comércios e indústrias que se formavam, eram os responsáveis por ocupar cargos estratégicos, nos quais exerciam um papel fundamental na tomada de decisões e nas definições de políticas a serem seguidas. A posição privilegiada lhes conferia autoridade para poder moldar e direcionar os rumos da organização social e até hoje essa cultura permeia as relações sociais e institucionais. O que se tem é, pois, a herança cultural e a preservação do espaço privilegiado.

A Constituição da República de 1988 apresentou inovações normativas com abordagem que aprimorou as regras para atender às necessidades de igualdade, justiça social e inclusão. A reivindicação era de garantia de combate à desigualdade social, à pobreza e à exclusão, com garantia de condições de vida digna e pleno exercício da cidadania. Das conquistas democráticas e inclusivas no plano do Direito Individual do Trabalho, que constitui os princípios de natureza democrática, humanista e social, classificado como princípios constitucionais do trabalho, advém *"um conjunto significativo de princípios de natureza democrática, humanista e social, todos com caráter de força normativa"* (Delgado, 2023, p. 180).

Capítulo 9

Uma Possibilidade para dar Efetividade ao Direito do Trabalho para Equidade Contra o Racismo

Para a efetividade do Direito do Trabalho como um dos instrumentos de promoção de igualdade real e efetiva, o jurista precisa se ater à hermenêutica, com efetiva investigação e coordenação dos princípios científicos e normas jurídicas, com interpretação e aplicação conforme a Constituição Federal, mas levando em conta *"[...] a conjugação da letra do texto com as características históricas, políticas, ideológicas do momento, se encontrará o melhor sentido da norma jurídica, em confronto com a realidade sociopolítico-econômica e almejando sua plena eficácia"* (Moraes, 2021, p. 14).

O conteúdo jurídico do princípio da igualdade deve ser aplicado na perspectiva da edição da norma jurídica em conformidade com a isonomia, o que permite compreender que a isonomia deve guardar íntima relação com a realidade da igualdade, sendo o destinatário da própria norma o legislador e, como resultado lógico, a legislação, a atingir o seu destinatário final (Bandeira de Mello, 2001).

A lei não deve ser fonte de privilégios ou perseguições, mas instrumento regulador da vida social que necessita tratar equitativamente todos os cidadãos. O conteúdo político-ideológico do princípio da isonomia preconiza que a lei, como instrumento regulador da vida social, deve garantir tratamento equitativo a todos os cidadãos (Bandeira de Mello, 2001). Se a realidade entre o negro e o branco não é equivalente quanto ao mercado de trabalho, deve ser deferida disciplina diversa a situações diversas. Esse argumento é fundamento para a consideração de que toda norma jurídica de compensação da desigualdade é constitucional.

Se a realidade brasileira é a de preconceitos e desigualdades advindas do racismo, há justificativa a sobejar para o tratamento diferenciado para que sejam concretizados os preceitos constitucionais.

> Então, percebe-se, o próprio ditame constitucional que embarga a desequiparação por motivo de raça, sexo, trabalho, credo religioso e convicções políticas, nada mais faz que colocar em evidência certos traços que não podem, por razões preconceituosas mais comuns em certa época ou meio, ser tomadas gratuitamente como *ratio* fundamentadora de discrímen. O art. 5º, *caput,* ao exemplificar com as hipóteses referidas, apenas pretendeu encarecê-las como insuscetíveis de gerarem, *só por só,* uma discriminação. Vale dizer: recolheu na realidade social elementos que reputou serem possíveis fontes de desequiparações odiosas e explicou a impossibilidade de virem a ser destarte utilizados (Bandeira de Mello, 2001, p. 18).

As lições de Bandeira de Mello (2001) expressam que na realidade social devem estar os elementos justificadores do discrímen e a realidade social de desigualdade entre o negro e o branco é inegável e justificadora da discriminação. Referido autor ainda aponta como critérios para identificação do desrespeito à isonomia:

> a) a primeira diz como o elemento tomado como fator de desigualação;
>
> b) a segunda reposta-se à correlação lógica abstrata existente entre o fator erigido em critério de descrímem e a disparidade estabelecida no tratamento jurídico diversificado.
>
> c) a terceira atina à consonância desta correlação lógica com os interesses absorvidos no sistema constitucional e destarte juridicizados".

> Esclarecendo melhor: tem-se que investigar, de um lado, aquilo que é adotado como critério discriminatório; do outro lado, cumpre verificar se há justificativa racional, isto é, fundamento lógico, para, à vista do traço desigualador acolhido, atribuir o específico tratamento jurídico construído em função da desigualdade proclamada. Finalmente, impende analisar se a correlação ou fundamento racional abstratamente existente é, *in concreto*, afinado com os valores prestigiados no sistema normativo constitucional, a dizer: se guarda ou não harmonia com eles (Bandeira de Mello, 2001, p. 21-22).

Sobre a isonomia e fator de discriminação, dois requisitos foram apresentados por Bandeira de Mello (2001) e desafiam reprodução:

> a) a lei não pode erigir em critério diferencial um traço tão específico que singularize *no presente* e *definitivamente*, de modo absoluto, um sujeito a ser colhido pelo regime peculiar;
>
> b) o traço diferencial adotado, necessariamente há de residir na pessoa, coisa ou situação a ser discriminada; ou seja: elemento algum que não existia *nelas mesmas* poderá servir de base para assujeitá-las a regimes diferentes.
>
> [...]
>
> Com efeito, a igualdade é princípio que visa a duplo objetivo, a saber: de um lado propiciar a garantia individual (não é sem razão que se acha insculpido em artigo subordinado à rubrica constitucional 'Dos Direitos e Garantias Fundamentais') contra perseguições e, de outro, tolher favoritismos (Bandeira de Mello, 2001, p. 23).

Ao discorrer sobre os fundamentos do Direito do Trabalho, Maranhão (1977) escreveu que a liberdade e a igualdade no plano do direito corresponderam, no plano social, para os trabalhadores, coação econômica e desigualdade. Para o negro que descende de um processo de exclusão social e econômica, a liberdade e a igualdade são uma utopia, a impor a efetivação desses princípios jurídicos.

A evolução tecnológica, o exército de reserva, com elevado número de desempregados, e a ausência de formação educacional do negro eleva sua fragilidade enquanto trabalhador e desempregado em busca de trabalho, restando caduca a igualdade jurídica e a liberdade jurídica.

As concepções liberais e individualistas do século XIX se acentuaram e no Século XXI a realidade social, com maior desemprego e menor ocupação de postos de liderança por parte dos negros, como apontam as pesquisas, faz raiar o desequilíbrio entre Capital e Trabalho, não contemplado por alguns. Como o Direito do Trabalho foi concebido para compor os conflitos de interesses oriundos das relações de trabalho assalariado e a sociedade contemporânea, com toda a sua estrutura, não pode ficar apática a toda essa realidade, o sistema normativo brasileiro deverá regular as relações de trabalho e seus conflitos, atacando o que impede o negro de ter condições de igualdade real e efetiva. A ausência de trabalho do negro coloca em jogo a existência humana e equipara-se a um crime contra a humanidade.

Por óbvio, a relação de trabalho não recebia proteção do Direito, porque o Brasil se valia do trabalho forçado. Com a mudança da modalidade de produção, a relação de trabalho passa a ser pensada e regulamentada pelo Estado, surgindo o denominado Direito do Trabalho, com produção científica, legislativa e didática. Pesquisar como os juristas pensavam esse ramo do direito é de importância para o estudo que se propõe.

Délio Maranhão (1977), na década de 1970, escrevia que a tendência do Direito do Trabalho é de alargar suas fronteiras.

> E ao alargar suas fronteiras, de acordo com o espírito, que lhe é próprio, de resguardar a dignidade humana do trabalhador, tende o Direito do Trabalho a tornar-se a disciplina da atividade laborativa do homem, socialmente obrigatória e necessária.
>
> [...]
>
> O Direito do Trabalho é um dos ramos do direito em que mais nitidamente se observa o fenômeno hodierno da socialização jurídica (prevalência das normas que tutelam interesses coletivos). Apareceu como manifestação de vanguarda da vocação do direito moderno (da qual não pôde fugir nem mesmo

> o direito comum, herdeiro da tradição individualista romana), que evolui em direção de um novo centro de convergência — o grupo — em contraposição ao indivíduo isolado, sobre cuja exigência baseavam-se a organização econômica e o sistema jurídico do século passado (Maranhão, 1977, p. 6-7).

A regulação jurídica específica, a exemplo do Direito do Trabalho, surge quando determinadas relações sociais se encorpam e assume relevo por conta dos conflitos de interesses que lhe está envolto. A dinâmica das relações sociais permite que o Direito do Trabalho se ocupe do racismo estrutural, e o direito, como instrução de organização social a efetivar a igualdade real, deve ter mecanismo de inclusão do negro para a efetivação da cidadania. As relações de trabalho, mesmo que compreendidas como autônomas na atualidade, devem ser abarcadas pela proteção do Direito do Trabalho.

Antes mesmo da positivação do Direito do Trabalho, em 1912, no livro *Regulamentação do Trabalho*, Maia (1912) argumentou que a regulação do trabalho se fazia necessária diante da exploração perniciosa e desordenada dos trabalhadores, na qual os patrões ou capitalistas se arvoravam como únicos legisladores e a questão que exsurge é a seguinte: quem são os legitimados para a elaboração das regras jurídicas de proteção ao trabalhador e ao povo negro desempregado? Por óbvio, a representação da classe trabalhadora é carente e normas de proteção e inclusão no mercado de trabalho não são criadas, pelo contrário, a Lei n. 13.467/2017 reduz a carga de proteção.

A pobreza e a ausência do negro no mercado de trabalho digno é um mal social e a sociedade contemporânea não pode ignorar a realidade e permanecer inerte frente a esse fato — é função da ciência buscar e apresentar a realidade — sendo salutar as ponderações de Maia (1912):

> Os poderes públicos não podem deixar de fazer sentir sua acção salutar toda vez que um gráve prejuízo atentar contra a collectividade; não há leis, nem costumes, nem direito de propriedade por mais arraigados que sejam, conforme pensa illustre economista, que não possam ser destruídos que, a sua

> permanência, se oppõe à felicidade da comunhão social (Maia, 1912, p. 20).

É de se esperar resistência à ideia de norma protetiva e de inclusão do negro no mercado de trabalho, porque, como regra, o preconceito e o racismo se apresentam de forma indireta como condutor da oposição. Cabe aqui a escrita de que:

> Quando se trata de introduzir ideias ou instituições novas nas sociedades, duas correntes muito distinctas se nos apresentam: uma, composta dos que aceitam tudo só pelo sabor da novidade, e a outra que repele todas inovações, as mais uteis embora, porque se acha arraigada aos antigos moldes, às formas vestustas. São prejuízos que convem despreza-los (Maia, 1912, p. 23).

O escrito de Maia (1912) aponta que, na sua origem, o surgimento da norma jurídica de Direito do Trabalho sofreu resistência e já defendia que o Estado não podia encastelar-se no antiquado *laissez-faire,* sendo necessária a proteção aos trabalhadores, a parte fraca na relação contratual, contra os empregadores. Ou seja, o sistema normativo não pode ficar inerte diante da realidade social.

Servindo do pensamento de Prado (1967), no sentido de que a atividade operativa do trabalho, atividade humana produtora de utilidades e raiz filosófica da propriedade e desenvolvimento humano, é razoável defender que a atenção do Estado brasileiro às regras de inclusão do ser humano negro no mercado de trabalho, como forma compensadora da desigualdade e atrocidade causada pela escravidão e pelo racismo, é uma necessidade primeira em uma sociedade que pretende ser evoluída.

Se o modelo de sociedade em que estamos inseridos, querendo ou não, é o modelo de sociedade capitalista no qual o trabalho é apropriado e dele o empregador capitalista obtém o lucro, o cidadão negro precisa ser inserido e integrado à empresa, onde o sistema político e administrativo do Brasil deverá criar meios para um ambiente social de inclusão e emancipação. A evolução para o bem da humanidade é necessária e *"[...] nossas leis deverão ser estudadas com espírito crítico, a fim de que possamos preparar o terreno para que possa o nosso Direito positivo do trabalho ser aperfeiçoado no bom sentido de favorecer a dignidade da pessoa humana*" (Prado, 1967, p. 41).

Camargo (2000) registrando que a pobreza se constitui numa ameaça para a coletividade, assinalou que:

> [...] a paz social só poderá ser atingida, quando os homens se convencerem de que esse é o caminho, franqueando ao trabalhador uma vida de harmonia, dentro dessa proporcionalidade, podendo viver bem: alimentar-se, a si e aos seus, educar-se, divertir-se, levantarem-se as portas e as barreiras para o livre trânsito para melhoras suas condições (Camargo, 2000, p. 96).

A busca de eliminação da pobreza no Brasil e de equilíbrio nas relações sociais e econômicas deve se valer do Direito do Trabalho. O sistema normativo brasileiro grafa que o caso submetido à apreciação do Poder Judiciário deverá ser decidido mesmo havendo omissão normativa, sendo que a analogia, os costumes e os princípios gerais do direito serão instrumentos integradores, em atenção ao art. 4º do Decreto-lei n. 4.657/1942. O mesmo Decreto-lei n. 4.657/1942, no seu art. 5º, prevê que "*[...] na aplicação da lei, o juiz atenderá aos fins sociais a que ela se dirige e às exigências do bem comum*" (Pedroso, 1985).

Esses dois preceitos guardam muitos conteúdos relevantes para o proferimento de decisão judicial justa, em preservação de razoável relação humana convivencial e, se for admitida a existência de uma ciência do direito de descrição das normas jurídicas, como uma ciência normativa, é possível considerar, com muita sustentação técnica normativa e científica, que os que atuam na Justiça do Trabalho, mesmo na omissão normativa, têm instrumentos para, com prudência, dar efetivação aos Direitos Humanos, na perspectiva da proteção do Trabalho no sentido amplo — a garantia de trabalho digno.

A Justiça do Trabalho está para a aplicação da norma jurídica e uma das possibilidades de compreensão de norma é a de que "*[...]* é regra que prescreve um dever, uma necessidade moral de realizar atos que sejam adequados ao bem comum da sociedade. A estrutura real da norma jurídica manifesta um dever de justiça" (Pedroso, 1985, p. 6). O dever de justiça é autorizante para solução do conflito com a prudência para a efetivação do comando normativo.

Para a garantia de trabalho digno ao negro, é preciso levar em conta que, no aspecto material, a norma jurídica se concebe de um dever de justiça, revestida de alteridade, e eventual lacuna existente se revela como uma falha que cria dissonância entre o enunciado normativo e os deveres de justiça. No aspecto formal, a norma jurídica se expõe como um juízo de valor, de forma imperativa que apresenta a consequência para uma hipótese. Há a hipótese, formada pelo fato jurídico e o dispositivo, que é a consequência, que a norma conecta às condições de aplicação. *"No seu aspecto material, a norma revela um dever de justiça; no seu aspecto formal, um juízo em forma imperativa, condicionando a aplicação do preceito à ocorrência da hipótese legal"* (Pedroso, 1985, p. 9).

Levada em consideração a disposição dos arts. 4º e 5º, do Decreto-lei n. 4.657/1942, em conjugação com os argumentos das linhas antecedentes, é possível afirmar que, quando o Poder Judiciário deixa de aplicar uma norma jurídica capaz de efetivar os Direitos Sociais, ele deixa de cumprir sua função constitucional, configurando a negativa de realização de justiça — "justiça negada" —, já que não há a integração do sistema normativo e nem o cumprimento da obrigação imposta pela sociedade (pelo povo) que, por meio da norma hipotética fundamental dá validade à estrutura do Estado, que inclui a função jurisdicional.

Na idade média, a sociedade entendeu por bem adotar a repartição das funções em legislativa, executiva e judiciária para, na ideologia capitalista, evitar o absolutismo. No tempo presente, é preciso transcender as motivações da idade média e ter as funções para efetivar a cidadania e a garantia de existência digna, sob pena de responsabilização do próprio Estado. Essa é uma questão que se propõe.

No sistema de organização social, *"o critério do legislador é a tipificação. O do Juiz é a individualização... o Juiz, tendo em vista os enunciados legais, deve compor a sentença, traduzindo a justiça ao caso concreto (equidade), o Direito vivo"* (Pedroso, 1985, p. 25). Se levado ao Poder Judiciário questão envolvendo direitos sociais, a tradução da justiça ao caso concreto deve ter como motivação a efetivação dos referidos direitos. A atividade jurisdicional não se limita na aplicação das proposições jurídicas já terminadas e, por consequência, a decisão judicial completa o direito legislado e, quando omisso, deve resolver o conflito com fundamento na analogia, nos costumes e nos princípios gerais do direito.

A função jurisdicional é importante para o combate ao racismo, porque a atuação judicial se dá com a interpretação da norma jurídica e a integração da norma, sendo essa última através de processos hermenêuticos mais complexos (Pedroso, 1985). A atuação do juiz na contemplação do caso, com a correção do direito e com integração normativa, não pode dispensar a efetivação dos fundamentos e objetivos da República Federativa do Brasil.

Por óbvio, *"à jurisdição é inerente, em certa medida, o poder criador e normativo para o desenvolvimento do Direito. Esse poder manifesta-se na adaptação da lei ao caso concreto, na correção das antinomias normativas e no preenchimento das lacunas, ou integração normativa"* (Pedroso, 1985, p. 9).

Não bastasse o conjunto de normas no ordenamento jurídico brasileiro, a Organização das Nações Unidas (ONU) propõe uma agenda para a efetivação de direitos sociais, o que faz apresentando os Objetivos de Desenvolvimento Sustentável (ODS)[(12)], com 17 objetivos considerados ambiciosos e interconectados que tratam dos principais desafios de desenvolvimento enfrentados pelo mundo, principalmente países compostos em sua maioria por pessoas pobres e preconceituosas, como o Brasil.

A ONU entende que os Objetivos de Desenvolvimento Sustentável proclamam adesão do mundo à ação para acabar com a pobreza, proteger o meio ambiente e o clima e garantir que as pessoas, em todos os lugares, possam desfrutar de paz e de prosperidade. E, assim, fixa a Agenda 2030.

É adequado o destaque para alguns dos objetivos da Agenda 2030, com relação direta a este estudo.

O *"Objetivo 8. Promover o crescimento econômico sustentado, inclusivo e sustentável, emprego pleno e produtivo e trabalho decente para todas e todos"*, tem dentro das suas propostas, a intenção de:

> 8.3 Promover políticas orientadas para o desenvolvimento que apoiem as atividades produtivas, geração de emprego decente,

---

(12) Disponível em: https://brasil.un.org/pt-br/sdgs. Acesso em: 18 out. 2022.

> empreendedorismo, criatividade e inovação, e incentivar a formalização e o crescimento das micro, pequenas e médias empresas, inclusive por meio do acesso a serviços financeiros.
>
> [...]
>
> 8.8 Proteger os direitos trabalhistas e promover ambientes de trabalho seguros e protegidos para todos os trabalhadores, incluindo os trabalhadores migrantes, em particular as mulheres migrantes, e pessoas em empregos precários.

Esse objetivo tem impacto direto na garantia de emprego descente ao negro, que sofre pela desigualdade apontada.

O *"Objetivo 10 Redução das desigualdades Reduzir as desigualdades no interior dos países e entre países" expressa o desejo de "reduzir a desigualdade dentro dos países e entre eles"*, o que impõe aplicação nas questões relacionadas ao trabalho e ao Direito do Trabalho:

> 10.2 Até 2030, empoderar e promover a inclusão social, econômica e política de todos, independentemente da idade, gênero, deficiência, raça, etnia, origem, religião, condição econômica ou outra.
>
> 10.3 Garantir a igualdade de oportunidades e reduzir as desigualdades de resultados, inclusive por meio da eliminação de leis, políticas e práticas discriminatórias e da promoção de legislação, políticas e ações adequadas a este respeito.

E não desconexa dos outros objetivos, mas, pelo contrário, como instrumento para efetivação, o *"Objetivo 16. Paz, Justiça e Instituições Eficazes", visa "promover sociedades pacíficas e inclusivas para o desenvolvimento sustentável, proporcionar o acesso à justiça para todos e construir instituições eficazes, responsáveis e inclusivas em todos os níveis"*.

A interpretação jurídica é a de que a Organização das Nações Unidas pretende que os direitos fundamentais do cidadão sejam efetivados. O sistema jurídico brasileiro está constituído de normas para a efetivação dos direitos fundamentais, individuas coletivos e sociais e, se no campo do

Direito do Trabalho isso não acontece no Brasil, é porque não está sendo dada efetividade ao sistema normativo brasileiro, a desafiar, reiterar, uma hermenêutica jurídica para a igualdade real. Conceituações clássicas precisam ser revisitadas e repensadas para a efetivação dos direitos sociais.

Na concepção de Maximiliano (2017, p. 6):

> A aplicação do Direito consiste no enquadrar um caso concreto em norma jurídica adequada. Submete às prescrições da lei uma relação da vida real; procura e indica o dispositivo adaptável a um fato determinado. Por outras palavras: tem por objeto descobrir o modo e os meios e amparar juridicamente um interesse humano.
>
> O direito precisa transformar-se em realidade eficiente, no interesse coletivo e também no individual. Isto se dá, ou mediante atividade dos particulares no sentido de cumprir a lei, ou pela ação, espontânea e provocada, dos tribunais contra as violações das normas expressas, e até mesmo contra as simples tentativas de iludir ou desrespeitar dispositivos escritos ou consuetudinários. Assim resulta a Aplicação, voluntária quase sempre, forçada muitas vezes.

No momento presente, com todas as resistências postas ao Direito do Trabalho e à estrutura da Justiça do Trabalho, esse ramo especializado do Direito e da Justiça pode compor a ferramenta para o atendimento dos desafios postos pela ONU.

O Tribunal Superior do Trabalho, em análise de caso RR-1000390-03.2018.5.02.0046, a respeito da falta de diversidade racial no guia de padronização visual da rede de laboratórios Fleury S.A., de São Paulo (SP), assim decidiu:

> "II – RECURSO DE REVISTA INTERPOSTO NA VIGÊNCIA DA LEI N. 13.467/2017. DISCRIMINAÇÃO. INDENIZAÇÃO POR DANO MORAL. Consoante se infere do acórdão do Tribunal Regional, a reclamada possui um guia de padronização visual para seus empregados, no qual não constam fotos de nenhum que represente a raça negra. Qualquer distinção, exclusão, restrição ou preferência baseada exclusivamente na

> cor da pele, raça, nacionalidade ou origem étnica pode ser considerada discriminação racial. No caso, a falta de diversidade racial no guia de padronização visual da reclamada é uma forma de discriminação, ainda que indireta, que tem o condão de ferir a dignidade humana e a integridade psíquica dos empregados da raça negra, como no caso da reclamante, que não se sentem representados em seu ambiente laboral. Cumpre destacar que no atual estágio de desenvolvimento de nossa sociedade, toda a forma de discriminação deve ser combatida, notadamente aquela mais sutil de ser detectada em sua natureza, como a discriminação institucional ou estrutural, que ao invés de ser perpetrada por indivíduos, é praticada por instituições, sejam elas privadas ou públicas, de forma intencional ou não, com o poder de afetar negativamente determinado grupo racial. É o que se extrai do caso concreto em exame, quando o guia de padronização visual adotado pela reclamada, ainda que de forma não intencional, deixa de contemplar pessoas da raça negra, tendo efeito negativo sobre os empregados de cor negra, razão pela qual a parte autora faz jus ao pagamento de indenização por danos morais, no importe de R$ 10.000,00 (dez mil reais). Recurso de revista conhecido e provido" (RR-1000390-03.2018.5.02.0046, 2ª Turma, relatora Ministra Delaide Miranda Arantes, *DEJT* 04.12.2020)

A Ministra relatora fundamentou no referido Acórdão que *"no atual momento histórico dos direitos humanos, o princípio da não discriminação, ganha especial proteção, tanto no plano internacional quanto no plano interno brasileiro"*.

A Decisão da mais alta Corte da Justiça do Trabalho valeu-se da disposição normativa da Declaração Universal dos Direitos Humanos, art. 2º, da Convenção Internacional para a Eliminação de Todas as Formas de Discriminação Racial, art. 1º, da Convenção 111, da Organização Internacional do Trabalho, art. 1º, da Constituição Federal, arts. 3º, IV, e 5º, I, da Lei n. 9.029/95, art. 1º, e da Lei n. 12.288/2010, art. 1º. Essas aludidas regras disciplinam conforme transcrição a seguir:

> A Declaração Universal dos Direitos Humanos, adotada e proclamada pela Assembleia Geral das Nações Unidas (Resolução 217 A III), em 10 de dezembro 1948, art. 2º, assim estabelece:
>
> Todos os seres humanos podem invocar os direitos e as liberdades proclamados na presente Declaração, sem distinção alguma, nomeadamente de raça, de cor, de sexo, de língua, de religião, de opinião política ou outra, de origem nacional ou social, de fortuna, de nascimento ou de qualquer outra situação. Além disso, não será feita nenhuma distinção

> fundada no estatuto político, jurídico ou internacional do país ou do território da naturalidade da pessoa, seja esse país ou território independente, sob tutela, autônomo ou sujeito a alguma limitação de soberania.

A Convenção Internacional para a Eliminação de Todas as Formas de Discriminação Racial, da ONU, art. 1º, declara que:

> Qualquer distinção, exclusão, restrição ou preferência fundadas na raça, cor, descendência ou origem nacional ou étnica que tenha por fim ou efeito anular ou comprometer o reconhecimento, o gozo ou o exercício, em igualdade de condições, dos direitos humanos e das liberdades fundamentais nos domínios político, econômico, social, cultural ou em qualquer outro domínio da vida pública.

A Convenção n. 111, da OIT, artigo 1º, designa:

> Artigo 1.1 Para os fins da presente convenção o termo "discriminação" compreende:
>
> a) toda distinção, exclusão ou preferência fundada na raça, cor, sexo, religião, opinião política, ascendência nacional ou origem social, que tenha por efeito destruir ou alterar a igualdade de oportunidade ou de tratamento em matéria de emprego ou profissão;

A Constituição Federal, art. 3º, determina que:

> Art. 3º Constituem objetivos fundamentais da República Federativa do Brasil:
>
> [...]
>
> IV – promover o bem de todos, sem preconceitos de origem, raça, sexo, cor, idade e quaisquer outras formas de discriminação.

O Constituição Federal, art. 5º, estabelece que:

> Art. 5º Todos são iguais perante a lei, sem distinção de qualquer natureza, garantindo-se aos brasileiros e aos estrangeiros residentes no País a inviolabilidade do direito à vida, à liberdade, à igualdade, à segurança e à propriedade, nos termos seguintes:
>
> I – homens e mulheres são iguais em direitos e obrigações, nos termos desta Constituição;

A Lei n. 9.029/95, art. 1º, ordena:

> É proibida a adoção de qualquer prática discriminatória e limitativa para efeito de acesso à relação de trabalho, ou de sua manutenção, por motivo de sexo, origem, raça, cor, estado civil, situação familiar, deficiência, reabilitação profissional, idade, entre outros, ressalvadas, nesse caso, as hipóteses de proteção à criança e ao adolescente previstas no inciso XXXIII do art. 7º da Constituição Federal.

A Lei n. 12.288/2010, Estatuto da Igualdade Racial, art. 1º, estipula que:

> Esta Lei institui o Estatuto da Igualdade Racial, destinado a garantir à população negra a efetivação da igualdade de oportunidades, a defesa dos direitos étnicos individuais, coletivos e difusos e o combate à discriminação e às demais formas de intolerância étnica.
>
> Parágrafo único. Para efeito deste Estatuto, considera-se:
>
> Toda distinção, exclusão, restrição ou preferência baseada em raça, cor, descendência ou origem nacional ou étnica que tenha por objeto anular ou restringir o reconhecimento, gozo ou exercício, em igualdade de condições, de direitos humanos e liberdades fundamentais nos campos político, econômico, social, cultural ou em qualquer outro campo da vida pública ou privada;

A demonstração de que já existem normas jurídicas para o combate ao racismo dá sustentação ao argumento de que há carência de aplicação das regras jurídicas. A norma jurídica está posta, mas o que basta é efetivá-la. Nessa linha, Norberto Bobbio (1992, p. 45) assinalou que:

> [...] o problema grave do nosso tempo, com relação aos direitos humanos, não é mais o de fundamentá-los e sim protegê-los.
>
> [...]
>
> Com efeito, o problema que temos diante de nós não é filosófico, mas jurídico e, num sentido mais amplo, político. Não se trata de saber quais e quantos são esses direitos, qual é a sua natureza jurídica e seu fundamento, se são direitos naturais ou históricos, absolutos ou relativos, mas sim qual é o modo mais seguro de garanti-los, para impedir que, apesar de solenes declarações, eles sejam continuamente violados.

É curioso que, no seu tempo, Bobbio já apontava pelo descumprimento dos direitos do homem e no tempo presente continuamos a reivindicar esse cumprimento e a demonstrar que o sistema normativo está posto, mas a carência está na questão ideológica que deságua na aplicação e interpretação da norma.

É necessário ir além da defesa da efetivação da igualdade, que se funda no princípio da universalidade, e levar à compreensão que todos devem ser orientados pelas mesmas regras e submetidos aos mesmos direitos e deveres, para a efetivação da equidade, que assente que não somos todos iguais e que é preciso ajustar o desequilíbrio. Para o cidadão brasileiro, com o destaque para o negro, é preciso que se garanta que as pessoas tenham as mesmas oportunidades, com aclamação para que os negros gozem das mesmas oportunidades. O que o aplicador da norma jurídica e os juristas não podem fazer é deixar de reconhecer as flagrantes e incontestáveis diferenças individuais e coletivas e, pela equidade, garantir aos negros as mesmas oportunidades e tratamentos que os brancos.

A desigualdade racial e o racismo, denunciados em inúmeros livros e pesquisas, permitem sustentar que é preciso garantir a justiça e a igualdade de oportunidades para todas as pessoas, levando em consideração suas circunstâncias individuais e necessidades específicas e, ao contrário da igualdade, que trata todos de forma idêntica, é preciso se sustentar na equidade, princípio de direito que reconhece que as pessoas têm diferentes pontos de partida e podem precisar de suporte adicional para alcançar resultados justos. É imprescindível a distribuição justa de oportunidades, de ferramentas para acesso ao trabalho e emprego dignos, de recursos e benefícios, levando em consideração as diferenças individuais e as desigualdades existentes. Diante do denunciado efeito nefasto do racismo, que outorga o privilégio a pessoas brancas, pessoas negras precisam para ter as mesmas chances de sucesso das brancas e, pelo princípio da equidade, para efetivação das mesmas chances, precisam ser tratadas de forma diferente, a subtrair a desigualdade.

O que se discorre aqui corresponde ao que, com outras palavras, Severo (2023) argumenta, ou seja, que a constituição deve ser a base de validade das normas trabalhistas:

> [...] o principal comando de uma hermenêutica trabalhista comprometida com a razão histórica pela qual o Direito material

> e processual do trabalho existe é o de que para terem validade, as regras 'devem passar, necessariamente, pelo processo de contaminação constitucional...
>
> É, portanto, a partir dessa hermenêutica comprometida com o que institui o Direito do Trabalho (a proteção a quem trabalha e o desvelamento das perversidades da troca que se efetiva entre capital e trabalho) é que seve ser interpretado e aplicado o novo § 3º do art. 8º da CLT (SEVERO, 2023, p. 84-89).

Se a lógica de aplicação da norma impõe a correspondência com a Constituição, a ausência de trabalho digno para o negro, a desigualdade e outras violações aos seus direitos fundamentais, corresponde a não efetivação do direito, portanto, não há argumento que sustente o contrário da tese posta defendida neste livro.

O conjunto normativo brasileiro obriga garantir trabalho digno e proteção ao trabalhador negro e aqui se escreve o conjunto normativo já mencionado nas linhas antecedentes. Se a norma jurídica impõe tal obrigação, a hermenêutica jurídica não poder ser diferente.

O que se faz aqui é uma provocação racional de que nem o direito positivado é efetivado no Brasil. Não se busca outra fonte que não o direito. Bobbio já havia escrito que "*nunca, tanto quanto hoje, a ciência jurídica sentiu a necessidade de estabelecer novos e mais estritos contatos com as ciências sociais*" (Bobbio, 2007, p. 33) e o que se faz aqui é ficar limitado ao direito para demonstrar que a ideologia que conduz às relações sociais no Brasil ignora o seu sistema normativo. Por óbvio, outros ramos das ciências sociais são utilizados neste livro para a demonstração do horror que é o racismo, mas o que se quer enfatizar é que não precisa de muito para demonstrar o quanto ainda carecemos da efetivação do direito.

O conjunto de normas jurídicas para a equidade, com inclusão do negro no mercado de trabalho digno e efetivação da sua dignidade nas relações de trabalho e emprego, pode ser submetido à valoração de sua justiça, validade e eficácia; e, quanto à justiça, atende de acordo com o convívio social desejado e sinalizado no preâmbulo da Constituição Federal, os fins de assegurar a execução dos direitos sociais e individuais, da segurança, do bem-estar, da igualdade, da fraternidade, do combate ao preconceito, da harmonia social, da igualdade, da segurança, da justiça. O sistema normativo é apto para realizar os valores desejados e postos na declaração inicial da Lei Maior brasileira, que grafa o seu contexto, os seus objetivos e os seus princípios fundamentais. São normas que atendem a ética deontológica, os deveres e obrigações morais de uma sociedade que se pretende civilizada.

O conjunto normativo é de validade indiscutível, advindo do poder constituído, através da forma estabelecida pela Constituição, e harmônico na finalidade de atender os preceitos constitucionais. Do ponto de vista da ontologia jurídica, atende o desejado.

No que se refere à eficácia jurídica, no aspecto fenomenológico acerca da capacidade do conjunto normativo de produzir os efeitos desejados no mundo real, se é aplicado e cumprido para a sua efetividade, com a garantia de trabalho digno ao negro, a promover justiça social, análise histórico-sociológico aponta que a eficácia do conjunto normativo é carente. Basta visitar as pesquisas sobre o negro no mercado de trabalho.

Fernandes (2007) permite refletir sobre a diferença entre tolerância racial e democracia racial e quando faz isso esclarece que a democracia impõe igualdade social, econômica e política.

> O padrão brasileiro de relação racial, ainda hoje dominante, foi construído para uma sociedade escravista, ou seja, para manter o 'negro' sob a sujeição do 'branco'. Enquanto esse padrão de relação racial não for abolido, a distância econômica, social e política entre o 'negro' e o 'branco' será grande, embora tal coisa não seja reconhecida de modo aberto, honesto e explícito (Fernandes, 2007, p. 60).

Não haverá democracia efetiva ou real se o negro não for integrado na sociedade e contar com oportunidades equivalentes de participação nas estruturas de trabalho e emprego dignos.

Considerações Finais

Se o entendimento é o de que a contemplação do todo impõe a efetividade dos direitos sociais e que o trabalho do negro é afetado pelo racismo estrutural, a impedir a realização desses direitos, chega-se ao ponto elementar para a ciência jurídica: o sistema normativo existente e a ciência jurídica permitem aos que lidam com o Direito do Trabalho uma possível interpretação ao aplicar as normas para efetivar a função civilizatória e democrática. É necessário ajustar o desequilíbrio.

É fundamental, portanto, que o Direito do Trabalho seja dotado de um caráter civilizatório e democrático. Porém, infelizmente, a realidade mostra que ele não cumpre plenamente essa função diante da presença do racismo estrutural nas relações de emprego.

O rol de objetivos do art. 3º da Constituição Federal não é taxativo, sendo previsão de algumas finalidades primordiais a serem perseguidas pela República Federativa do Brasil, não podendo a sociedade brasileira se acomodar com a igualdade formal. O problema é que a igualdade formal não é suficiente para garantir a justiça social e a igualdade de oportunidades para todos os cidadãos. A sociedade brasileira não pode se contentar apenas com a igualdade formal, mas sim buscar a igualdade material, que envolve a distribuição equitativa de recursos e oportunidades, a fim de garantir uma sociedade mais justa e inclusiva.

O Direito do Trabalho não pode sucumbir, em pleno século XXI, aos ideais de igualdade e liberdade, interpretados pelas lentes do individualismo do século XIX. O Direito do Trabalho contemporâneo e sua interpretação devem atuar com os ideais da solidariedade e fraternidade, em proteção da classe que vive do trabalho, para o justo equilíbrio das relações em ebulição, tutelando novas relações de trabalho em potestade para abarcar novas regras de contratação, inserindo, assim, o negro no mercado de trabalho.

Pensar cientificamente o Direito do Trabalho demanda que se reflita como a cidadania é compreendida como condição de pertencimento de uma pessoa à sua sociedade, à sua comunidade, ao seu país, com a garantia do exercício dos direitos e deveres civis, políticos e sociais estabelecidos na Constituição brasileira — o que só pode ser assegurado se o cidadão efetivamente estiver inserido na sociedade com condições materiais e intelectuais para tanto. O trabalho decente, realizado em condições de liberdade e equidade, é fundamental para a superação da pobreza, redução da desigualdade e governabilidade democrática.

A sociedade contemporânea, com o dinamismo dos que pensam cientificamente o Direito do Trabalho, dos advogados trabalhistas, dos procuradores do trabalho e dos magistrados do trabalho, deve laborar para a efetivação dos preceitos postos na Constituição Federal, nos seus princípios e objetivos fundamentais, para a promoção da cidadania, da dignidade da pessoa humana, dos valores sociais do trabalho, para a constituição de uma sociedade livre, justa e solidária, para a erradicação da pobreza, da marginalização, para a redução das desigualdades sociais e regionais, promovendo o bem de todos, sem preconceitos de raça e sexo, com a prevalência dos direitos humanos, para a execução do princípio da isonomia, para a igualdade real.

A Constituição da República Federativa do Brasil estabelece diversos preceitos normativos que visam garantir a valorização do trabalho humano, a existência digna e a justiça social. Os artigos mencionados (1º, 3º, 4º, 5º, 6º, 7º e 170) reforçam a importância de reduzir as desigualdades regionais e sociais, bem como promover o pleno emprego e a igualdade de oportunidades no mercado de trabalho.

Esses preceitos constitucionais são fundamentais para embasar a necessidade de efetivar medidas que garantam a inclusão dos negros no mercado de trabalho, sem que sejam submetidos a desigualdades em relação aos brancos. Isso inclui a luta contra a desigualdade salarial, a destinação dos piores postos de trabalho e a exclusão dos negros dos cargos de gestão, gerência e chefia.

Portanto, não é demais reiterar que é urgente que sejam adotadas políticas e ações concretas para garantir a efetivação desses preceitos constitucionais, de forma a assegurar a igualdade de oportunidades e a valorização do trabalho do trabalhador negro, promovendo assim a justiça social e a redução das desigualdades no mercado de trabalho.

Os fundamentos normativos convergem e são inspirados pelo princípio da equidade para combater o racismo estrutural ao garantir que todas as pessoas tenham acesso igualitário a oportunidades, recursos e direitos, independentemente de sua raça ou origem étnica.

Uma proposta científica que se faz necessária é a de uma hermenêutica jurídica pautada nos fundamentos acima postos, para a aplicação de um Direito do Trabalho que insira e melhore a condição de vida do negro no mercado de trabalho, além da instituição de mecanismos e normas jurídicas para resolver os reais problemas apontados.

Outra proposta que a pesquisa possibilita apresentar é a de instituição de cotas para a inclusão de negros no mercado de trabalho, que na modalidade de emprego em empresas privadas, é um meio para superação de problemas decorrentes do racismo que, até então, o ordenamento jurídico foi incapaz de solucionar, sendo medida indispensável para que a igualdade material, garantida na Carta Cidadã e no Estatuto da Igualdade Racial, seja alcançada. A Constituição da República, o Estatuto da Igualdade Racial e os instrumentos normativos internacionais ratificados pelo Brasil não emanciparam o negro.

Os princípios e os fundamentos da República Federativa do Brasil, como a igualdade, a dignidade da pessoa humana e a promoção do bem-estar social, fornecem sustentação jurídica para a constitucionalidade de propostas que visam garantir a igualdade de oportunidades no mercado de trabalho para os negros. A Constituição Federal de 1988 estabelece a igualdade como um dos princípios fundamentais do país e proíbe qualquer forma de discriminação, inclusive a racial. Portanto, é urgente que sejam adotadas medidas para combater a discriminação racial no mercado de trabalho e garantir a inclusão dos negros em igualdade de condições com os brancos.

Quem pretende pensar o racismo nas relações de trabalho, a equidade, a isonomia, o futuro da Justiça do Trabalho e do Direito do Trabalho, com viés científico, precisa passar pelos caminhos percorridos neste livro, já que, em tese, só é possível melhoria a condição de vida da pessoa humana e a sociedade se o pensamento, a prática social e judicial se voltarem para o coletivo e, consequentemente, para um sistema de justiça que considere a efetivação dos direitos sociais trabalhistas.

Esta análise tende a considerar que é impossível alcançar igualdade real e justiça social sem buscar a efetivação dos Direitos Humanos, encampando os desafios contemporâneos para a dignidade da pessoa humana e harmonia do convívio social e, para tanto, não se pode fazer vistas grossas e não focar na motivação de existência das funções da República para a efetivação dos preceitos normativos materializados na constituição e suportados pelos princípios do Direito do Trabalho.

Se o trabalho é a base da existência da sociedade, o Direito do Trabalho deverá harmonizar a produção e os serviços com a existência digna. Se a ideia é inerente à existência humana, não é possível que o jurista ignore a ideia de emancipação humana e permita a desigualdade racial materializada em tantas pesquisas oficiais.

O jurista precisa pensar cientificamente a partir do pressuposto de que o ser humano é produto das forças históricas em conflito, enraizadas em condições materiais, compostas pelos interesses antagônicos dos que ocupam os polos da relação de emprego.

Superada a garantia de trabalho digno, com o sistema normativo de reserva de vagas para pessoas negras em empresas e instituições, o que será um grande desafio dessa geração, o sistema de justiça trabalhista deverá permitir a igualdade de oportunidades no ambiente de trabalho, vedando a discriminação racial na contratação, promoção, remuneração e condições de trabalho.

De fato, a proposta de combate à desigualdade racial no mercado de trabalho não se limita apenas ao âmbito jurídico, mas também requer ações por parte dos governantes e políticos. É necessário que sejam implantadas políticas públicas que visem corrigir as desigualdades históricas criadas pelo sistema colonial e escravocrata, que ainda têm reflexos na sociedade brasileira atual.

Essas políticas podem incluir a implementação de cotas raciais em concursos públicos, processos seletivos, em empresas privadas, a promoção de campanhas de conscientização sobre a importância da diversidade e da igualdade racial, entre outras medidas.

Além disso, é fundamental que os governantes e políticos estejam comprometidos com a promoção da igualdade racial e se engajem na luta contra o racismo estrutural, buscando criar um ambiente propício para a inclusão e o desenvolvimento dos negros no mercado de trabalho. Dessa forma, a proposta de combate à desigualdade racial no mercado de trabalho não se restringe apenas ao campo jurídico, mas requer uma abordagem multidisciplinar e a participação ativa dos governantes e políticos na implementação de medidas efetivas para corrigir as injustiças históricas e dar efetividade ao ordenamento jurídico brasileiro. Há a esperança em um Direito do Trabalho dentro de um sistema de direito antirracista.

Referências

ALMEIDA, Silvio Luiz de. *O que é racismo estrutural?* Belo Horizonte (MG): Letramento, 2018.

ALONSO, Angela. *Flores, votos e balas:* o movimento abolicionista brasileiro (1868-88) 1. ed. São Paulo: Companhia das Letras, 2015.

ALVES, Rubem. In: OLIVEIRA, Raissa Castro (Org.). *Ao Professor, com o meu carinho*. 3. ed. Campinas, SP: Verus Editora, 2004.

ANTUNES, Ricardo. *Adeus ao trabalho?:* Ensaio sobre as metamorfoses e a centralidade do mundo do trabalho. São Paulo: Cortez, 1995.

AZEVEDO, Elciene. *O direito dos escravos:* lutas jurídicas e abolicionismos na província de São Paulo. Campinas, SP: Editora da Unicamp, 2010.

BANDEIRA DE MELLO, Celso Antonio. *O conteúdo jurídico do princípio da igualdade.* 3. ed., 9. tir. São Paulo: Malheiros, 2001.

BARROS, Renato Cassio Soares de. *Ensino do direito do trabalho:* ensino positivado e sua perspectiva social. 2007. Dissertação (Mestrado em Educação) – Universidade Federal de São Carlos, São Carlos, SP: UFSCar, 2007.

______. *Ensino do direito do trabalho no Brasil:* desvela a realidade ou reproduz a lógica do capital. 2015. Tese (Doutorado em Educação) – Universidade Federal de São Carlos, São Carlos, SP: UFSCar, 2015.

BARROS, Surya Pombo de. Escravos, libertos, filhos de africanos livres, não livres, pretos, ingênuos: negros nas legislações educacionais do XIX. *Educ. Pesqui.*, São Paulo, v. 42, n. 3, p. 591-605, jul./set. 2016. Disponível em: https://www.scielo.br/j/ep/a/9ZhqHKsrZg987cSGqd7SbNg/?lang=pt. Acesso em: 30 maio 2021.

BERSANI, Humberto. *Racismo estrutural e direito à desestratificação:* um estudo a partir das relações de trabalho. Belo Horizonte, MG: Casa do Direito, 2020.

BOBBIO, Norberto. *A era dos direitos.* Tradução de Carlos Nelson Coutinho e apresentação de Celso Lafer. Rio de Janeiro: Elsevier, 2004.

______. *Da estrutura à função:* novos estudos de teoria do direito. Tradução de Daniela Beccaccia Versiani; revisão técnica de Orlando Seixas Bechara, Renata Nagamine. Barueri, SP: Manole. 2007.

______. *Direito e estado no pensamento de Emanuel Kant.* Trad. de Alfredo Fait. 2. ed. Brasília, Editora Universidade de Brasília, 1992.

______. *O Positivismo Jurídico:* Lições de Filosofia do Direito. Tradução de Márcio Pugliesi, Edson Bini e Carlos E. Rodrigues. São Paulo: Ícone, 1995.

BOTTEGA, Ana; BOUZA, Isabela; CARDOMINGO; Matias; PIRES, Luiza Nassif; PEREIRA, Fernanda Peron. Quanto fica com as mulheres negras? Uma análise da distribuição de renda no Brasil. Nota de Política Econômica. *MADE/USP*, n. 18, 13 dez. 2021. Disponível em: https://madeusp.com.br/wp-content/uploads/2021/12/npe018.pdf. Acesso em: 11 jan. 2022.

BRASIL. *Lei n. 12.990, de 09 de junho de 2014.* Reserva aos negros 20% (vinte por cento) das vagas oferecidas nos concursos públicos para provimento de cargos efetivos e empregos públicos no âmbito da administração pública federal, das autarquias, das fundações públicas, das empresas públicas e das sociedades de economia mista controladas pela União. Disponível em: http://www.planalto.gov.br/ccivil_03/_ato2011-2014/2014/lei/l12990.htm. Acesso em: 15 maio 2021.

BRITO, Cesar. *Luzes, Luízes e Luízas no Brasil escravista.* Belo Horizonte: RTM, 2018.

CAMARGO, Antonio Bonival. *Princípios e ideologias aplicados na relação de emprego.* Bauru, SP: EDIPRO, 2000.

CARONE, Iray; BENTO, Maria Aparecida Silva (Org.). *Psicologia social do racismo:* estudos sobre branquitude e branqueamento no Brasil. 6. ed. Petrópolis, RJ: Vozes, 2014.

CONSELHO NACIONAL DE JUSTIÇA (CNJ). *Diagnóstico Étnico-Racial no Poder Judiciário.* Conselho Nacional de Justiça. Brasília: CNJ, 2023.

DELGADO, Mauricio Godinho. *Capitalismo, trabalho e emprego:* entre o paradigma da destruição e os caminhos da reconstrução. São Paulo: LTr, 2005.

______. *Curso de Direito do Trabalho.* 12 ed. São Paulo: LTr, 2013.

______. *Direito do Trabalho no Brasil:* Formação e Desenvolvimento: Colônia, Império e República. São Paulo: JusPodivm, 2023.

______; DELGADO, Gabriela Neves. *Constituição da república e direitos fundamentais:* Dignidade da pessoa humana, justiça social e Direito do Trabalho. 12 ed. São Paulo: LTr, 2017.

______; PORTO Lorena Vasconcelos (Orgs.). *O Estado de bem-estar-social no Século XXI.* São Paulo: LTr, 2007.

DELGADO, Gabriela Neves. *Direito fundamental ao trabalho digno.* 2. ed. São Paulo: LTr, 2015.

DIANGELO, Robin Jeanne. *Não basta não ser racista:* sejamos antirracistas. Tradução de Marcos Marcinilo. São Paulo: Faro Editorial, 2018.

DEPARTAMENTO INTERSINDICAL DE ESTATÍSTICA E ESTUDOS SOCIOECONÔMICOS. Desigualdade entre negros e não negros se aprofunda durante a pandemia. *Boletim Especial 20 de novembro – Dia da Consciência Negra.* São Paulo: DIEESE, 2021. Disponível em: https://www.dieese.org.br/boletimespecial/2021/conscienciaNegra.html. Acesso em: 10 jan. 2022.

ENGELS, Friedrich. *A dialética da natureza.* 3. ed. 1. ed. Portugal: Editora Leitura. Rio de Janeiro: Paz e Terra, 1985.

FANON, Frantz. *Pele negra, máscaras brancas.* Tradução de Sebastião Nascimento e colaboração de Raquel Camargo. São Paulo: Ubu Editora, 2020.

FAORO, Raymundo. *Os donos do poder:* formação do patronato político brasileiro. 3. ed. rev. São Paulo: Globo, 2001.

FEIJPO, Janaína. *Negros ainda são maioria com rendimento até 2 salários mínimos.* 2022. Disponível em: https://portal.fgv.br/artigos/negros-ainda-sao-maioria-rendimento-ate-2-salarios-minimos. Acesso em: 12 nov. 2022.

FELICIANO, Guilherme Guimarães. *Curso crítico de direito do trabalho:* Teoria geral do trabalho. São Paulo: Saraiva, 2013.

FERNANDES, Florestan. *O negro no mundo dos brancos.* Apresentação de Lilia Moritz Schwarcz. 2. ed. São Paulo: Global, 2007.

______. *O significado do protesto negro.* 1. ed. São Paulo: Editoras Perseu Abramo e Expressão Popular, 2017.

FERRAZ JR., Tercio Sampaio. *A ciência do direito.* 2. ed., 17. reimpr. São Paulo: Atlas, 2010.

FLORENTINO, Manolo. *Em costas negras:* uma história do tráfico negreiro de escravos entre a África e o Rio de Janeiro (séculos XVIII e XIX). São Paulo: Editora Unesp, 2014.

FONSECA, Dagoberto José (Org.). *Racismos.* 1. ed. São Paulo: Selo Negro, 2023. (Coleção África, presente! Negritude e luta antirracista, v. 3).

FREUD, Sigmund. *Psicologia das massas e análise do eu e outros textos* (1920-1923). Tradução de Paulo César de Souza. São Paulo: Companhia das Letras, 2011.

FRIEDMANN, Georges; NAVILLE, Pierre. *Tratado de Sociologia do Trabalho.* Tradução de Octávio Mendes Cajado. Colaboração de Jean-René Treanton e outros. São Paulo: Cultrix, Ed. da Universidade de São Paulo, 1973. v. I e II.

GALLISA, Cristiane. *Quase 20% da população do RS, negros são 30% dos mais pobres e menos de 10% entre os ricos*. 2022. Disponível em: https://g1.globo.com/rs/rio-grande-do-sul/noticia/2022/11/11/quase-20percent-da-populacao-do-rs-negros-sao-30percent-dos-mais-pobres-e-menos-de-10percent-entre-os-ricos.ghtml?utm_source=whatsapp&utm_medium=share-bar-mobile&utm_campaign=materias. Acesso em: 12 nov. 2022.

GOMES, Laurentino. *Escravidão:* do primeiro leilão de cativos em Portugal até a morte de Zumbi dos Palmares 1. ed. Rio de Janeiro: Globo Livros, 2019. v. 1 (Uma história da escravidão no Brasil).

GONZALES, Lélia. *Por um feminismo afro-latino-americano:* ensaios, intervenções e diálogos. Flávia Rios e Marcia Lima (Orgs.). 1. ed. Rio de Janeiro: Zahar, 2020.

IBGE — Instituto Brasileiro de Geografia e Estatística. Estudos e Pesquisas. Informação Demográfica e Socioeconômica. *Desigualdades Sociais por Cor ou Raça no Brasil*. 2.ed., n. 47, 2019. Rio de Janeiro: IBGE, 2022. Disponível em: www.ibge.gov.br/estatisticas/sociais/populacao/. Acesso em: 14 dez. 2022.

______. *Desigualdades sociais por cor ou raça no Brasil*. Rio de Janeiro: IBGE, 2018. Disponível em: https://educa.ibge.gov.br/jovens/materias-especiais/21039-desigualdades-sociais-por-cor-ou-raca-no-brasil.html. Acesso em: 10 dez. 2021.

MACHADO, Maria Helena Pereira Toledo; SCHWARCZM, Lilia Moritz (Orgs.). *Emancipação, inclusão e exclusão:* desafios do passado e do presente. São Paulo: Editora Universidade de São Paulo, 2018.

MAEDA Patrícia. *A Era dos Zero Direitos:* Trabalho Decente, Terceirização e Contrato Zero Hora. São Paulo: LTr, 2017.

MAIA, Deodato. *Regulamentação do Trabalho*. Rio de Janeiro: Livraria Editora Jacintho Silva, 1912.

MARANHÃO, Délio. *Direito do Trabalho*. 5. ed., rev. e aum. Rio de Janeiro: Fundação Getúlio Vargas, Editora da FGV, 1977.

MARX, Karl. *Trabalho assalariado e capital & salário, preço e lucro*. 2. ed. São Paulo: Expressão Popular, 2010.

MASCARO, Alysson Leandro. *Estado e Forma Política*. São Paulo: Boitempo, 2013.

NASCIMENTO, Amauri Mascaro. *Curso de Direito do Trabalho:* história e teoria geral do trabalho: relações individuais e coletivas do trabalho. 23. ed., rev. e atual. São Paulo: Saraiva, 2008.

MAXIMILIANO, Carlos. *Hermenêutica e aplicação do direito*. 21. ed. (reimp.). Rio de Janeiro: Forense, 2017.

MIAILLE, Michel. *Introdução Crítica ao Direito.* Tradução de Ana Prata. Lisboa: Editorial Estampa, 2005.

MORAES, Alexandre de. *Direito constitucional.* 37. ed. São Paulo: Atlas, 2021.

MORAES FILHO, Evaristo de. *Tratado Elementar de Direito do Trabalho.* Rio de Janeiro e São Paulo: Freitas Bastos, 1960. v. 1.

MOREIRA, Adilson José. *Pensando como um Negro.* Ensaio de Hermenêutica Jurídica. São Paulo: Contracorrente, 2019.

______. *Racismo Recreativo.* RIBEIRO, Djamila (Org.). São Paulo: Pólen, 2019. (Feminismos Plurais).

______; ALMEIDA, Philipe Oliveira de; CORBO, Wallace (Coautores). *Manual de educação jurídica antirracista:* direito, justiça e transformação. São Paulo: Editora Contracorrente, 2022.

MOREIRA, Eduardo. *Desigualdade & caminhos para uma sociedade mais justa.* 2. ed. Rio de Janeiro: Civilização Brasileira, 2019.

NASCIMENTO, Amauri Mascaro. *Curso de Direito do Trabalho:* história e teoria geral do direito do trabalho: relações individuais e coletivas do trabalho. 23. ed. rev. e atual. São Paulo: Saraiva, 2008.

NOGUEIRA, Gilmaro (Org.); MBANDI, Nzinga; TRÓI, Marcelo de. *Lugar de fala:* conexões, aproximações e diferenças. 1. ed. Salvador, BA: Editora Devires, 2020.

NOGUEIRA, João Carlos (Org). *Desenvolvimento e empreendedorismo afro-brasileiro:* desafios históricos e perspectivas para o século 21. Florianópolis: Atilènde, 2013.

OLIVEIRA, Dennis de. *Racismo estrutural:* uma perspectiva histórico-crítica. 1. ed. São Paulo: Editora Dandara, 2021.

OLIVEIRA, Joana D'Arc de. *Da senzala para onde?* Negros e negras na pós-abolição em São Carlos-SP (1880-1910). São Carlos, SP: FPMSC, 2018.

ONU — Organização das Nações Unidas. *Os objetivos de Desenvolvimento Sustentável no Brasil.* Disponível em: https://brasil.un.org/pt-br/sdgs. Acesso em: 18 out. 2022.

PEDROSO, Antonio Carlos de Campos. *Integração normativa.* São Paulo: Revista dos Tribunais, 1985.

PIMENTA, Joaquim. In.: LACERDA, Dorval; MORAIS FILHO, Evaristo de. *Sociologia do Jurídica do Trabalho (Estudos).* São Paulo: Max Limonad, 1944. (Coleção de Direito do Trabalho, 2 v.).

PLÁ RODRIGUES, Américo. *Princípios de direito do trabalho:* fac-similada. São Paulo: LTr, 2015.

PRADO, Roberto Barretto. *Tratado de Direito do Trabalho.* São Paulo: Revista dos Tribunais, 1967. v.1.

RAYMUNDO, Nina Rodrigues. 1862-1906. *Os africanos no Brasil.* São Paulo: Madras, 2008.

RIBEIRO, Djamila (Coord.). *Lugar de fala.* São Paulo: Sueli Corneiro; Pólen, 2019a. (Feminino Plurais).

______. *Pequeno manual antirracista.* 1. ed. São Paulo: Companhia das Letras, 2019b.

______. *Quem Tem Medo do Feminismo Negro?* São Paulo: Companhia das Letras, 2019c.

ROCHA, Renan Vieira de Santana; TORRENTÉ, Mônica de Oliveira Nunes; COELHO, Maria Thereza Ávila Dantas. *Saúde mental e racismo à brasileira:* narrativas de trabalhadoras e trabalhadores da atenção psicossocial. 1. ed. Salvador, BA: Editora Devires, 2021.

ROMITA, Arion Sayão. *A subordinação no contrato de trabalho.* Rio de Janeiro: Forense, 1979.

______. *Direitos fundamentais nas relações de trabalho.* 5. ed., rev. e aum. São Paulo: LTr, 2014.

ROSÁLIA, Diogo. *Rasuras no espelho de Narciso:* educadoras negras e a crítica às representações do negro na mídia. Belo Horizonte: Mazza Edições, 2008.

SANTOS, Boaventura de Sousa. *Pela mão de Alice:* o social e o político na pós-modernidade. 9. ed. São Paulo: Cortez, 2003.

SANTOS, Dione Almeida Santos. As ações Afirmativas Como Instrumento de Efetividade do Direito à Cidadania. In.: PINTO, Luís Frederico Balsalobre (Coord.). *Direito e Liberdade.* São Paulo: Lumem, 2019.

SANTOS, Dione Almeida Santos; BARROS, Renato Cássio Soares de. A tarifação do dano extrapatrimonial na Justiça do Trabalho e a violação aos direitos humanos: Inconstitucionalidade. *Revista LTr*, v. 83, n. 05, maio 2019.

SEVERO, Valdete Souto. A Hermenêutica trabalhista e o princípio do direito do trabalho. In.: Souto Maior, Jorge Luiz; SEVERO, Valdete Souto (Coords.). *Resistência aportes teóricos contra o retrocesso trabalhista.* 1. ed., rev. e ampl. São Paulo: Expressão Popular, 2017.

______. *Contribuições para uma teoria geral do processo do trabalho:* desde uma perspectiva de diálogo com o feminismo negro, com as teorias críticas e com o antirracismo. 1. ed. Campinas: Lacier Editora, 2023.

SCHWARZ, Rodrigo Costa. *Trabalho escravo:* a abolição necessária: uma análise da efetividade e da eficácia das políticas de combate à escravidão contemporânea no Brasil. São Paulo: LTr, 2008.

SILVA, Ana Rosa Cloclet da. *Construção da nação e escravidão no pensamento de José Bonifácio:* 1783-1823. Campinas, SP: Editora da Unicamp/Centro de Memória Unicamp, 1999.

SILVA, Cristiane de Melo Mattos Sabino Gazola. *Do escravismo colonial ao trabalho forçado atual:* a supressão dos direitos sociais fundamentais. São Paulo: LTr, 2009.

SILVA, Mário Rogério; CAUMO, Rafael. *Luta pelo acesso ao trabalho digno.* 2023. Disponível em: https://ceert.org.br/noticias/44881/maio-de-2023-luta-pelo-acesso-ao-trabalho-digno. Acesso em: 6 ago. 2023.

SOUSA, Maria Sueli Rodrigues de (Org.). *Dossiê Esperança Garcia:* símbolo de resistência na luta pelo direito. Teresina: EDUFPI, 2017.

SOUTO MAIOR, Jorge Luiz. *Curso de Direito do Trabalho:* teoria geral do direito do trabalho. São Paulo: LTr, 2011. v. 1, pt. I.

______. *Curso de Direito do Trabalho:* a relação de emprego, São Paulo: LTr, 2008. v. II.

SÜSSEKIND, Arnaldo; MARANHÃO, Délio; VIANNA, Segadas; TEIXEIRA FILHO, João de Lima. *Instituições de Direito do Trabalho.* 22. ed., atual. São Paulo: LTr, 2005. v. I e II.

Tribunal Superior do Trabalho. Falta de diversidade racial em guia de padronização visual de empregados é considerada discriminatória (atualizada). 2020. Disponível em: https://www.tst.jus.br/web/guest/-/falta-de-diversidade-racial-em-guia-de-padroniza%C3%A7%C3%A3o-visual-de-empregados-%C3%A9-considerada-discriminat%C3%B3ria. Acesso em: Acesso em: 12 nov. 2022.

VERONESE, Alexandre; FRAGALE Filho, Roberto. In.: Ximenes, Julia Maurmann; Silva, Larissa Tenfen (Orgs.). *Ensinar direito o direito.* São Paulo: Saraiva, 2015. (Série IDP: Linha doutrina).

Posfácio

Talvez não haja tema mais relevante e transversal na sociedade brasileira atualmente, que este referente ao racismo. Há numerosas questões de grande importância, mas nenhuma supera esta tormentosa questão em profundidade e abrangência. O racismo envolve aspectos complexos e variados que repercutem em toda a estrutura social, em assuntos tão variados como saúde, educação, cultura, religião, lazer, alimentação, emprego, renda, habitação, transporte etc. Tal amplitude muitas vezes dificulta a percepção do racismo.

A sociedade vem despertando de modo vagaroso e tardio para a relevância desse tema, o que inclui parte do setor acadêmico. Já se demonstrou, por minuciosa pesquisa científica, que no Brasil a pobreza tem cor e atinge particularmente os afrodescendentes, contra os quais se erguem incontáveis e invisíveis barreiras, que dificultam ou impedem obtenção de remuneração digna e acesso à riqueza, bens e serviços. Isso implica consequências nefastas a todo o País, que permanecerá pobre enquanto não enfrentar o doloroso problema da desigualdade racial. Em Direito ainda são escassas as pesquisas sobre o assunto, o que não lhe reduz a importância.

Este livro é produto de notável e pioneira pesquisa sobre esse tema, desenvolvida com maestria por Renato Cassio Soares de Barros, em programa de pós-doutorado em Direito do Trabalho na Universidade de São Paulo, sob orientação do professor Otávio Pinto e Silva. Com texto envolvente e brilhante, o autor demonstra com muita sabedoria e respeito como o racismo impacta as relações sociais, particularmente as relações de emprego. Mostra que o direito à igualdade inclui o direito ao acesso a melhores postos e condições de trabalho e é previsto em numerosos instrumentos normativos, como a Declaração Universal dos Direito Humanos, tratados e convenções internacionais, Constituição Federal e leis ordinárias, dentre as quais o Estatuto da Igualdade Racial (Lei n. 12.888/10). Também destaca que as normas que asseguram esse direito fundamental carecem de efetividade, pois lhes falta eficácia social. O autor instiga a reflexão sobre o papel da sociedade e do Poder Judiciário para que essa igualdade se torne efetiva. Sua contribuição é valiosíssima e muito oportuna para aprofundamento do estudo sobre o racismo e os prejuízos que causa à sociedade.

Ricardo Régis Laraia
Doutor e Mestre em Direito pela PUC/SP.
Desembargador do TRT da 15ª Região, Campinas.